獻給孩子們的禮物

主編的話

　　世界上最幸福的孩子，是他們一出生就有機會接近故事書，想想看，那些書中的人物，不論古今中外都來到了眼前，與他們相識，不僅分享了各個人物生活中的點滴，孩子們的想像力也隨著書中的故事情節飛翔。

　　不論世界如何演變，科技如何發達，孩子一世幸福的起源，仍然來自於父母的影響，如果每一個孩子都能從小在父母親的懷抱中，傾聽故事，共享閱讀之樂，長大後養成了閱讀習慣，這將是一生中享用不盡的財富。

　　三民書局的劉振強董事長，想必也是一位深信讀書是人生最大財富的人，在讀書人口往下滑落的多元化時代，他仍然堅信讀書的重要，近年來，更不計成本，連續出版了特別為孩子們策劃的兒童文學叢書，從「文學家」、「藝術家」、「音樂家」、「影響世界的人」系列到「童話小天地」、「第一次」系列，至今已出版了近百本，這僅是由筆者主編出版的部分叢書而已，若包括其他兒童詩集及套書，三民書局已出版不下千百種的兒童讀物。

　　劉董事長也時常感念著，在他困苦貧窮的青少年時期，是書使他堅強向上，在社會普遍困苦，而生活簡陋的年代，也是書成了他最好的良伴，他希望在他的有生之年，分享這份資產，讓下一代可以充分使用，讓親子共讀的親情，源遠流長。

　　「世紀人物 100」系列早就在他的關切中構思著，希望能出版孩子們喜歡而且一生難忘的好書。近年來筆者放下一切寫作，接下

世紀
人物 100

電學之父

法拉第

徐孝華
楊慰親　著

三民書局

這份主編重任，並結合海內外有心兒童文學的作者共同為下一代效力，正是感動於劉董事長致力文化大業的真誠之心，更欣喜許多志同道合的朋友，能與我一起為孩子們寫書。

「世紀人物100」系列規劃出版一百位人物故事，中外各占五十人，包括了在歷史上有關文學、藝術、人文、政治與科學等各行各業有貢獻的人物故事，邀請國內外兒童文學領域專業的學者、作家同心協力編寫，費時多年，分梯次出版。在越來越多元化的世界中，每個人都有各自的才華與潛力，每個朝代也都有其可歌可泣的故事，但是在故事背後所具有的一個共同點，就是每個傳主在困苦中不屈不撓，令人難忘的經歷，這些經歷經由各作者用心博覽有關資料，再三推敲求證，再以文學之筆，寫出了有趣而感人的故事。

西諺有云：「世界因有各式各樣不同的人群，才更加多采多姿。」這套書就是以「人」的故事為主旨，不刻意美化傳主，以每一位傳主的生活經歷為主軸，深入描寫他們成長的環境、家庭教育與童年生活，深入探索是什麼因素造成了他們與眾不同？是什麼力量驅動了他們鍥而不捨的毅力？以日常生活中的小故事，來描繪出這些人物，為什麼能使夢想成真。為了引起小讀者的興趣，特別著重在各傳主的童年生活描述，希望能引起共鳴。尤其在閱讀這些作品時，能於心領神會中得到靈感。

和一般從外文翻譯出來的偉人傳記所不同的是，此套書的特色是，由熟悉兒童文學又關心教育的作者用心收集資料，用有趣的故事，融入知識，並以文學之筆，深入淺出寫出適合小朋友與大朋友閱讀的人物傳記。在探討每位人物的內在心理因素之餘，也希望讀

者從閱讀中，能激勵出個人內在的潛力和夢想。我相信每個孩子在年少時都會發呆做夢，在他們發呆和做夢的同時，書是他們最私密的好友，在閱讀中，沒有批判和譏諷，卻可隨書中的主人翁，海闊天空一起遨遊，或狂想或計畫，而成為心靈知交，不僅留下年少時，從閱讀中得到的神交良伴（一個回憶），如果能兩代共讀，讀後一起討論，綿綿相傳，留下共同回憶，何嘗不是一幅幸福的親子圖？

2006 年，我們升格成為祖字輩，有一位朋友提了滿滿兩袋的童書相送，一袋給新科父母，一袋給我們。老友是美國國家科學院院士，曾擔任過全美閱讀評估諮議委員，也是一位慈愛的好爺爺，深信閱讀對人生的重要。他很感性的說：「不要以為娃娃聽不懂故事，我的孫兒們一出生就聽我們唸故事書，長大後不僅愛讀書而且想像力豐富，尤其是文字表達能力特別強。」我完全同意，並欣然接受那兩袋最珍貴的禮物。

因為我們同樣都是愛讀書、也深得讀書之樂的人。

謹以此套「世紀人物 100」叢書送給所有愛讀書的孩子和家庭，以及我們的孫兒——石開文，他們都是世界上最幸福的孩子，因為從小有書為伴，與愛同行。

傳記故事是許多人喜歡的讀物，可說是老少咸宜，因為故事寫的是真人真事，讀者易於接受，更因為故事呈現了某一個社會環境，刻劃了一個特殊的人物，而這個人物的事蹟，往往對他周邊社會甚至世界都造成影響，因此，不論距離多麼遙遠，時間隔得多麼長久，傳記故事總能令讀者深深的受到感動。

對於生活在 21 世紀的我們而言，出生在 18 世紀英國的麥克·法拉第並不是那麼遙不可及，有關他的資料相當豐富，埋首閱讀這些資料時，幾乎可以感受到他不懈的奮鬥，他的努力，以及他的固執。從倫敦貧民區一個鐵匠之子，一個書店的小學徒，經由自學努力，最後成為舉世聞名的科學家，變化的過程相當具有戲劇性。

首先是書店老闆瑞寶先生對他的愛護與支持，使法拉第對科學的興趣得以發展。後來，書店的顧客譚斯先生因為看見法拉第精彩的筆記本，感佩讚賞之餘，把「皇家學院」四張戴維爵士的化學演講門票送給法拉第，使他有機會踏進當時英國最著名的科學研究機構。更重要的是，戴維爵士的賞識使法拉第得以進入「皇家學院」，正式展開他的科學生涯。最後，法拉第終於成為一個舉世聞名的大科學家，將人類的文

明推向一個嶄新的電氣時代。

有人說法拉第的成功實在是一連串的機緣與運氣所造就的,若沒有這些人的幫助,在當時階級分明的英國社會,窮苦出身的法拉第很難出人頭地。也有人說,憑法拉第的聰明才智和努力,尤其他近乎工作狂的性格,成功應該是順理成章的事。

其實這就像蛋與雞的關係,沒有適當的答案。但不可否認的是,不論在任何時代、任何地方,機會永遠存在;努力向上的人比比皆是,但唯有能夠抓住機會,甚至創造機會,堅持自己的理念,不做絲毫妥協的人,才能為自己締造成功。

法拉第的恩人,也是最初提拔法拉第的戴維爵士,跟法拉第的出身頗為類似,兩人先後都成為一時頂尖的科學家,但成功後他們所選擇的道路與生活方式卻完全不同。這並沒有什麼是非對錯,因為每個人都有自己的想法與做法,而法拉第得到後世更多的尊敬與愛戴,卻是不爭的事實。

中國人說實至則名歸,戴維與法拉第都當之無愧,只是成名之後,利亦往往隨之。法拉第能無視金錢的誘惑,堅持自己的道路,繼續作科學研究,該是最令人欽佩的地方。當維多利亞女王要把爵位贈給法拉第的時候,他的回答是:「生是一個普通人,死也是一個普通人。」聽起來那麼簡單,可是做起來可就沒有那麼容易了。

法拉第從來不掩飾自己出身的低微,

他承認他所屬的「善德美尼教會」是被
一般人瞧不起的教會。但這並不
影響他做人做事的風格，因為
他一生追求的只是要做一個哲
學家，一個只要研究真理而不為私
利的人，最後可以說是求仁得仁，死
而無憾。

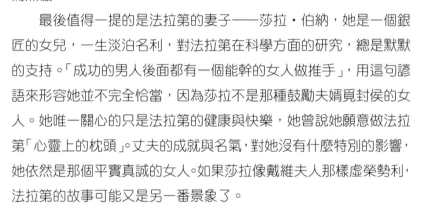

　　最後值得一提的是法拉第的妻子──莎拉・伯納，她是一個銀
匠的女兒，一生淡泊名利，對法拉第在科學方面的研究，總是默默
的支持。「成功的男人後面都有一個能幹的女人做推手」，用這句諺
語來形容她並不完全恰當，因為莎拉不是那種鼓勵夫婿覓封侯的女
人。她唯一關心的只是法拉第的健康與快樂，她曾說她願意做法拉
第「心靈上的枕頭」。丈夫的成就與名氣，對她沒有什麼特別的影響，
她依然是那個平實真誠的女人。如果莎拉像戴維夫人那樣虛榮勢利，
法拉第的故事可能又是另一番景象了。

　　法拉第學習、研究的方法，有許多值得年輕人借鏡的地方。例
如法拉第隨身攜帶筆記本，將所見所聞立刻記錄下來，以供日後參
考。他聽科學演講不但詳細記錄，而且事後又重新抄寫、整理成冊。
他能先後得到譚斯先生及戴維爵士的賞識，都跟他的筆記本有莫大
的關係。他記錄戴維爵士演講的筆記本，至今仍收藏在「皇家學院」
的博物館中。

　　法拉第除了天生擁有深邃的洞察力，與深刻的物理思維外，他
的研究方法可說是名副其實的「大膽假設、小心求證」，而且是百折

而不撓！他既仔細又有耐心，一定要用各種方法來實驗，得到確切的證明後才下定論。比方說，當時已證明「電」能產生「磁」，法拉第則提出「磁」也應該能產生「電」的構想，進而以實驗去證明他的觀點。這便是他最著名的「電磁感應定律」，也因此建立了「發電機」的原理。

大家讀了這本書後，若是能夠對法拉第有進一步的認識，甚至能從他的故事中獲得啟發，將是一件令人欣喜的事！

寫書的人

徐孝華

江蘇省淮安縣人。國立臺灣大學物理學系畢業，美國哥倫比亞大學物理學系博士。曾任臺灣大學物理學系客座教授，美國喬治亞州立大學物理天文學系教授。撰有科學論文五十餘篇，刊登於各種國際性物理學雜誌。

楊慰親

河南省商城縣人。國立政治大學西語系畢業，美國田納西州碧寶德學院圖書館系碩士，喬治亞州大學教育系結業。著作有《珍妮的憂鬱》、《不平行的愛》、《人間有夢》、《樹上的小木屋》、《異國感懷》等。

viii

電學之父

法拉第

法拉第

1791～1867

前　言

法拉第雖被譽為偉大的實驗學家，但他也是繼牛頓以後對理論物理影響最大的物理學家之一。而像法拉第這樣能集實驗與理論物理於一身的科學家，在科學史上真是少之又少。

——愛因斯坦

　　電——在我們日常的生活中，可以說是無所不在，時刻不可缺少的東西。從電燈、電腦、電視以及許許多多帶電的用品，到汽車、電車、飛機，以至太空梭、人造衛星，幾乎無一不需要電。雖然人類很早就知道自然界有電，而且威力強大無比，但人類真正能夠製造電力，不過是近兩百年的事。而第一位發明製作發電機理論的人，卻是一個在 19

世紀英國貧民窟中長大，而且未
曾受過多少教育的年輕人 —— 麥
克・法拉第。

1 成長時期

　　法拉第於 1791 年 9 月 22 日出生在英國倫敦郊區一個叫紐因頓的地方，父親詹姆斯是個鐵匠，與母親瑪格利特共育有四個子女，法拉第是家裡的第三個孩子。在他出生後不久，就碰上經濟不景氣，詹姆斯的打鐵生意一落千丈，生活更為清苦，更糟的是詹姆斯的健康越來越差，一家幾乎是三餐不繼。

　　他們雖然日子過得很苦，可是法拉第一家人卻很快樂。一來是因為瑪格利特是個賢淑能幹的婦人，儘管在沉重的生活壓力下，她也總是和顏悅色，不疾不徐。另一個重要的原因則是虔誠的宗教信仰，使他們安於貧窮。法拉第家所屬教會是「善德美尼教會」，這是基督教一個非常小

的支派。他們不贊成有組織的教會，所以教堂裡沒有牧師，而由教友們輪流講道。

「善德美尼教會」主張，教友的行為應該完全以《聖經》為規範。他們對物質生活的要求不高，反對聚集財富，認為耶穌一生為世人受苦受難，所以世人的貧困實在是體會耶穌教誨的好機會。小孩子們都知道「富人進天堂比駱駝穿過針眼還要困難」，生活上的苦難是福分不是災難。小孩上教堂是件最重要的事，至於受什麼樣的教育就無所謂了。

紐英頓是倫敦郊區的一個貧民區，這裡學校的素質本來就差，加上沒有人督促，所以一般孩子受教育都很有限。法拉第曾回憶說：「小時候大部分的時間，都消磨在街頭巷尾，自由自在。」事實上法拉第只是在七歲到九歲正式讀過兩年小學而已。但這並

不影響法拉第充滿好奇的天性，許多習以為常的小事或現象，都會引起他的注意與興趣。時常把老師父母問得啞口無言。

在當時的英國社會中，像法拉第這樣的窮孩子，到了十二、三歲就要工作。一般都是先跟隨某個工匠當學徒學藝，學成之後，能自立生活了，就結婚生子。

詹姆斯希望法拉第能繼承父業，這樣做父親的至少可以提供一些幫助。但法拉第不是一個高大強壯的孩子，打鐵的工作對他來說並不合適。再者在法拉第成長的年代裡，歐洲發生的一連串重大事件，迫使詹姆斯打消了這個念頭。

首先是工業革命，生產方法的改進，使經濟起了很大的變化。然後是 1776 年美國發表「獨立宣言」，英美戰火立起，1783

年英國不得不承認美國獨立。接著是 1789 年的法國大革命，中產階級人民把法王路易十六及瑪麗安東尼皇后送上斷頭臺，不久成立了共和政府。共和政府成立暫時把法國從絕對的君主集權轉到理論上的自由平等。但共和政府的基礎不穩，加上財政失控，法國又淪入恐怖統治。最後由拿破崙收拾殘局。但到了 1804 年法國人卻又支持拿破崙做皇帝。野心勃勃的拿破崙一心想征服世界，使整個歐洲充滿戰火。工業革命使武器的威力更為強大，拿破崙為了國家的強盛，刻意營造法國成為一個良好的學術環境，吸引各地的科學家及工程師到法國發展。

拿破崙的野心使其他的歐洲國家感到不安與威脅，為了反制法國的擴張與侵略，歐洲各國多次組織聯軍與拿破崙對抗。每次

英國都是主要參戰國，一直到 1815 年滑鐵盧一役拿破崙兵敗被俘。

工業革命後，蒸汽機的發明，工廠的建立，都使得一般靠手工業生活的工匠，找工作愈來愈不容易。 1803 年，當法拉第十二歲開始找工作時，正值英國與法國打仗。找工作不容易，法拉第沒有受過什麼教育，又沒有特別的技能，在倫敦街頭逛了一陣後，總算在喬治·瑞寶的書店找到一個跑腿的工作。

這個工作不需要他認識很多字，只要行動敏捷就行了。原來當時的報紙並不是每個人都買得起，他們要向書店借來看，但得付一些費用。法拉第的工作就是把報紙送到顧客家，等這個顧客看完，再送給下一個顧客。此外，他還要幫著清潔店面，包括掃地、擦抹書架上的灰塵以及擦

洗窗戶。這些工作對盡職的法拉第來說一點也不困難，而穿街走巷送報紙，對一個十三歲又充滿活力的孩子來說，更是件勝任愉快的事。

2 學徒生涯

　　一年以後書店的生意愈來愈好，瑞寶先生就收留法拉第在他的書店裡當學徒，專門學裝訂書本的工作。

　　父母對法拉第能在書店裡當學徒都感到非常高興，他們很清楚這比鐵匠的工作要穩定得多了。這是因為工業革命後，知識快速發展，讀書的人大量增加，機械化印刷技術使書籍不再像從前那樣昂貴。蒸汽機的發明使水陸交通便捷，書籍的流傳也更為廣泛。雖然很多孩子可以到工廠打工，但一般工廠環境髒亂，做童工實在是件非常辛苦的事。法拉第能在書店當學徒，是最理想不過了。

　　1805 年法拉第正式開始他在書店的學徒生涯。裝訂書本在當

時的歐洲是一個很專門的行業，也是工業革命後，少數未被淘汰的手工行業之一。因為裝訂書本需要非常細膩的手工，不是一般機器可以取代。

在當上學徒後，法拉第就要離開家了，從此吃住都在瑞寶先生的書店裡。法拉第覺得很興奮，但唯一的缺點是當了學徒後，就沒有工資可拿了。

裝訂書本首先要學習的是，如何把書頁依次序一頁頁的放好，再把整齊放好的書頁用針縫製成一本書，最後加上皮質或金屬裝飾的書皮。此外許多書還需要在書頁的邊端鍍上金屬粉。瑞寶先生一開始就告訴法拉第：「一本裝訂上乘的好書，必須符合四個條件，那就是堅實、耐久、正確，而且容易翻閱。」法拉第跟幾個學徒一起學習，可是很快的他就脫穎而出，不但學得快，做得

也一快又一好。

　　跟其他孩子很不同的是，法拉第對一本本經手的書產生無比的好奇。為什麼人們要花這麼多的心力與金錢來裝訂一本書？書為什麼要能長久的保存著？書的價值到底在哪裡？偶爾他翻閱手邊的書，立刻發現很多看不懂的地方，這使他感到非常沮喪。於是他開始自學，自學並不容易，尤其在開始的時候，困難多進度慢。但法拉第天生是個勇於面對挑戰，不輕易退縮的人，經過不斷的努力，不久他就能看懂大部分的書了。從此他開始注意身邊許許多多的書本，經他裝訂的書很多，而書店的書更多，因此他涉獵的範圍也越來越廣。

　　有一次，他在裝訂「大英百科全書」的第三版時，讀到一段關於電的文章，這引起他很大的興趣。另外一本由珍‧瑪賽寫的

《化學對話》也同樣使他興致勃勃。依照珍·瑪賽的書，他還做了一些很簡單，又不需要很多花費的實驗，印證書上的一些理論，更使他興奮無比。按照法拉第自己的說法，這兩本書奠定了他最基本的科學基礎，展開他一生對科學的研究。

另外一本對法拉第影響同樣深遠的書則是愛扎克·華斯的《改進個人的心智》。華斯相信只要努力就可以成功，他的方法是：勤勉的閱讀、參加演講會、與志趣相同的人通信、組織討論會、隨時攜帶「日常筆記簿」，用以記錄日常的觀察與心得。

看了華斯的書，幾個星期後，精勵上進的法拉第就有了自己的「日常筆記簿」，他為自己的第一本筆記，題名為「哲學雜錄」。

對一個窮苦、還沒見過什麼

世面又天真的孩子來說，華斯的這本書實在是個很大的鼓舞。有志者事竟成，成功應該不是件困難的事。憑著這個信念，法拉第開始努力的向前進。然而他根本不瞭解在18世紀英國階級分明的社會裡，像他這樣的孩子，成功可不是那麼容易。

好在初生之犢不怕虎。他看的書愈來愈多，對物理化學方面的興趣也愈來愈大。慢慢的，法拉第決定要做一個哲學家。所謂哲學家就是研究大自然真理的人。

為什麼法拉第不是要做一個科學家、物理學家或化學家呢？

原來在那個時代裡，一切科學方面的研究都是由王公貴族或有錢有閒的人贊助，當成他們閒暇時的興趣消遣或者嗜好。所謂科學家、物理學家或化學家等這些名詞還不普遍，從事科學研究

更不是可以賴以維生的職業。即使一些藝術家或音樂家如貝多芬，也是要有所謂的贊助者，不像現代音樂家，可以獨立自主的創作，並以此維生。

法拉第雖然不是一個有錢有閒的人，卻是一個有理想有抱負的人，更重要的是他所追求的是真理與知識，而且相信這種追求是一件高尚的事。名與利從來不是法拉第追求的目標，而發現真理及其過程中得到的滿足與快樂才是最好的報酬。就是這股想要追求宇宙真理的熱忱，使法拉第一生沉迷在他的研究工作中。

3 立志做一個哲學家

　　決定要做一個哲學家之後，法拉第書看得比以前更勤快，而且不論看什麼書都隨時記筆記。筆記經常是隨便記在一張紙上，記的太多之後就變得雜亂，想要用的時候也常找不到。於是法拉第想出一個辦法，他把筆記一頁頁重新抄錄，再整理裝訂成一本書的樣子，後面加上索引，這樣使用起來就非常方便了。

　　裝訂好了一本，法拉第拿給師傅過目，心裡多少有些不安。誰知瑞寶先生非但沒有責怪，反而很讚賞他。

　　「你的手真巧！」瑞寶先生把筆記本翻來翻去的查看 —— 書頁釘得很牢固，封面雖然用的是普通硬紙，但上面的字寫得很典雅，「做得很好。喔！對了，那

邊牆角凳子上的瓶瓶罐罐是你的嗎?」

法拉第做實驗都是下工以後在工房的一個角落裡進行,「是的,真對不起,我馬上把那些東西收回我的臥室。」

「我沒別的意思,那兒反正也是空著,你就在那兒做你的實驗吧!不過,用火爐的時候可要小心,別燒了我的書店。」

喬治‧瑞寶是法國大革命後,逃到英國居住的法國移民,他一定是被法拉第勤勉向上的精神所感動,或者他也是一個具有哲學家本性的人,他對法拉第充滿同情與愛護。對年幼的法拉第來說,他像一個父執輩的長者,處處關心愛護自己。

很多年以後瑞寶先生在一封信中,回憶往事,有這樣一段形容當年他徒弟法拉第生活的文字:「工作完畢以後,麥克喜歡畫

圖或臨摹『藝術家畫庫』上的圖畫，有時他會把玻璃熔化，再用吹管製成他需要的任何形狀的東西，……他的口袋裡總是放著華斯那本《改進個人的心智》，清晨外出，他常留意一些藝術品，或尋找某種礦物，……工作時他很盡職，……空閒時他經常在他自己的工作室，……我如果有什麼新奇的書需要裝訂，就會交給他，……有時他覺得有必要就會抄錄……」

這時法拉第對「力」產生很大的興趣。力可以推或拉一個物體，但這推拉的力量是如何產生？能量從何處來？能量會消失嗎？這一連串的問題常圍繞在法拉第的腦海裡。同時磁的力也使他著迷，他又念了許多有關磁的書。有時他覺得自己真的成了一個哲學家了。

從書裡法拉第瞭解到，西元

六百多年前，古希臘人就注意到磁石會吸引碎鐵；琥珀跟羊毛摩擦後，對細碎的稻草或糠也會產生引力；而地球吸引著所有的物質。千年來許多哲學家都知道地球的引力無可質疑，而且無所不在，但對磁石或琥珀所產生的力，所知的就十分有限了。因為磁石只存在於少數的地下礦石坑裡，琥珀更是跟金子差不多一樣的稀少。法拉第時常思索這三者的力量有沒有任何的關係？還是它們是完全不同的力量？

在讀到美國富蘭克林用風箏測試雷電的實驗時，法拉第也十分佩服。富蘭克林證明閃電就是電的流動：物體是由物質組成，物質具有的特性之一是電，但受外界環境的影響，可以改變物體帶電的多少。有的物體電量超多，有的物體電量缺乏，超多電量與缺乏電量的兩個物體間會有

吸力，超多的電量可以不經過直接接觸而由空氣中流到另一個物體，這就是閃電的由來。富蘭克林稱電量超多的物體帶正電，電量缺乏的物體帶負電。依現代物理學的觀點，物質組成的成分中有帶負電的電子與帶正電的質子，若兩者不均，則形成帶正電的物體及帶負電的物體，電子經由空氣中流動而形成了閃電。

另外，一個叫史迪文‧葛瑞的英國人發現有的東西可以導電，有的根本不能導電；還有一個義大利人魯吉‧賈文尼曾做了一些電流的實驗，都令法拉第大開眼界。最令法拉第興奮的是，得知另一個義大利人伏特製作了一個「電堆」，這可以說是世界上第一個電池。他還照著做了一個可以儲存靜電的瓶子。

法拉第把所有的閱讀心得，以及自己所做各種粗糙的實驗，

都詳細清楚的記錄下來，除了文字還配有圖畫，教人看了一目了然。

1810 年，就在法拉第一心嚮往向哲學家之路邁進時，他久病纏身的父親卻不幸過世了，那時法拉第才十九歲。法拉第非常敬愛他的父親，這對他無疑是個很大的打擊。很多年以後，有一次他在瑞士養病，在山間看到一個做釘子的小工廠，他對這個製釘工廠很感興趣，在那裡徘徊很久。後來，他在日記上寫道:「我很喜歡這個鋪子，任何跟鐵鋪有關的我都喜歡，因為我的父親是一個鐵匠。」

失去父親的法拉第對自己要求更嚴格，他書讀得越多越覺得自己知識的缺乏。其實距瑞賓先生書店不遠，就是當時英國最負盛名的「皇家學院」，那裡提供許多哲學演講及科學實驗，只可

惜那不是像法拉第這樣背景的人，可以隨便進出的地方。

偶然間，他在商店的櫥窗上看到一張海報：約翰‧塔騰的哲學演講會。這正是華斯先生書上所提，改進心智的有效方法——常聽學術演講，與有相同嗜好的人互相討論。塔騰先生是一個思想前進並有善心的銀匠，1808年他組織了一個「都市哲學學會」，與皇家學院相比，這是個窮人的哲學學會。這學會的會員有四十人左右，主要的目的是給比較窮苦的年輕人有一個進修的機會。

但即使是都市哲學學會，入會也需要會費。法拉第的哥哥羅勃已經開始工作了，這時慷慨的資助法拉第每次一先令的入場費用，這樣法拉第終於可以正式參加都市哲學學會了。

學會成員每星期三晚上聚

會，會場就在塔騰先生的家裡。大部分的演講都是由塔騰先生主講，偶爾也請其他會員做某種專題演講。在這裡法拉第第一次接觸到正式的化學課程，以及基本的物理知識。不僅如此，他更結識了許多志同道合的好朋友，特別是一個叫班杰明・阿伯特的年輕人。法拉第早期的書信大多是寫給他的，許多少年時的夢想與期待、失望與苦悶，都在信中表露無遺。

　　法拉第參加都市哲學學會的第三年，塔騰請他做專題演講。法拉第選的題目是「電」，他花了很多時間認真的準備，除了把自己研究的心得做有條理的分析外，還大膽的假設「電是一種單純的流體」。

　　為了進一步改善自己的表達能力，法拉第請都市哲學學會的祕書愛德華・莫各茲先生校正自

己的講稿，並指導自己的寫作技巧。莫各茲也是一個虔誠的基督教徒，兩人成了一輩子的好朋友。法拉第每週向莫各茲請教兩小時，一直持續了七年之久。這使法拉第的文學素養大幅提升。

這許多的活動都是在下工以後進行的，雖然很累，但對一個滿懷理想的年輕人來說，想要成功，只有努力把自己往前推進，沒有其他的選擇。

由於科技的進步，這時倫敦街頭已裝置了煤氣街燈，給經常夜出的法拉第帶來許多方便。科技改善了人們的生活，同時也變成一個時髦的名詞。瞭解與學習科技成了一般年輕人夢寐以求的事，對法拉第來說更是迫不及待了。

時間過得很快，一轉眼，他的學徒生涯就要結束了。法拉第開始徬徨起來，他要一輩子做個

釘書匠嗎？能有其他的選擇嗎？他想成為哲學家的願望，難道永遠只是工作之餘所追求的一個夢？這許多年來的努力固然學到很多，但也增加了更多的疑問，他該如何去找尋解答？還是讓這些疑問不了了之？他想到父親一生的勞苦，又想到對寡母及妹妹的責任，突然，未來就像煤氣燈下倫敦的夜，變得模糊不清了。

時來的機運

　　法拉第跟瑞寶先生討論這個問題。瑞寶自己對哲學也有很濃的興趣，但他也知道像法拉第這樣的孩子要做哲學家，就如一個乞丐想當王子一樣，根本不可能。可是他又不忍心把心裡的話說出來。

　　他把話題轉開，「那天你給我看的那本筆記，記錄得真是好極了，昨天我們的顧客譚斯先生看見了，他對你非常讚賞。」

　　「是嗎？」法拉第覺得很高興。

　　譚斯先生是一個愛書的紳士，也是皇家愛樂協會的創始人之一，在社會上很有點地位。

　　兩人正在說話時，剛好譚斯先生走進來。瑞寶先生立刻迎上前去，並且把法拉第也拉過去，

「這是麥克‧法拉第，那本筆記就是他的。」

譚斯先生驚奇的看著眼前的這個年輕人，「那都是你自學的記錄？」

「是的！」筆記記的大多是塔騰的演講。

「你還做了這麼多的實驗？」

「可不是！」瑞賓先生搶著說，「晚上下工後，後面的工房一半都成了他的實驗室了。」

「我可以把你的筆記帶回家去看看嗎？」

「當然可以，請多多指教。」法拉第說。

譚斯先生準備離開時，像是想到了什麼又停下來問法拉第：

「你聽過亨佛利‧戴維教授的演講嗎？」

法拉第搖搖頭。

「你對物理化學的知識如此豐富，最該去聽他的演講了，戴

維先生是現在英國最偉大的哲學家。」

戴維教授是皇家學院最出名的人物。他的演講場場爆滿，很少人不知道他的名字。在倫敦皇家學院，戴維的演講受歡迎的程度，幾乎可以比美維多利亞女王在「白金漢宮」的花園宴會，或「誼步盛」的跑馬賽。而且到皇家學院聽戴維演講的不只是科學家，也有文學家、藝術家以及想要展示自己新裝的太太、小姐們。

法拉第看著譚斯先生的背影消失在店門口，搖搖頭，心中還在琢磨著未來該何去何從？皇家學院跟自己能搭上多少關係？他不敢想。

幾個星期以後，譚斯先生託瑞實先生把筆記本交還給法拉第。當法拉第拿回筆記本時，發現裡面夾有東西，仔細一看竟是

戴維先生在皇家學院四次演講的
一組入場門票。

　　法拉第幾乎不敢相信自己的
眼睛，他飛快的把這個好消息告
訴瑞寶先生。瑞寶先生也為他高
興，「聽說譚斯先生的父親是皇
家學會的會員。麥克，這是個好
機會，你要好好把握！」

5 皇家學院與皇家學會

　　皇家學院是魯姆佛伯爵在「皇家學會」會長約瑟夫·班克斯的支持下於 1799 年創立的。「皇家學會」則是英國也是歐洲最早的獨立學會，成立於 1645 年，由一些對科學有興趣的人發起組成，宗旨是提升並用實驗的方法去求取自然界的知識，也就是所謂的實驗哲學。因為學會不受國家財政的支持，鼓勵自由發表，因而成為英國科學發展的一大動力。1665 年開始出版刊物《哲學報告書》。

　　英國著名的科學家幾乎都是這個學會的會員，如牛頓於 1671 年入會，並擔任過二十多年的會長。在當時許多科學的研究都是由皇家學會主持，皇家學會可以說是大學的先驅。到了 18 世紀，

皇家學會在科學上的成就已享譽國際了。

皇家學院與皇家學會性質頗為類似，兩者的關係也十分密切。魯姆佛伯爵最初的目的，是要不分貴賤為所有對科學有興趣的人，建立一個成人教育中心，經由科學實驗、哲學演講等方式，改善一般人的生活品質。但成立不久之後，學院建立的精神很快的變質，幾乎完全成為另一個上流社會的俱樂部。魯姆佛伯爵一氣之下離開倫敦，一輩子再也沒有回來。

但皇家學院在教育方面，確實對英國社會貢獻良多，甚至對其他國家的成人教育也造成很大的影響。最重要的原因是，許多學院的成員都是當時知名的科學家。

19世紀大多數的科學研究都是由一些學會主持。學會雇用一

批科學人才，稱之為「教授」。教授的工作是舉行演講並在實驗室做研究，研究成果發表在學術雜誌上。學會付教授薪水，支持他們的研究，因為科學上的成就是促使人類文明與進步的一種動力，如此則增強了這個學會先進的形象。

戴維在 1801 年進入皇家學院，他不僅是一個科學家、哲學家，也是一個詩人及出色的演說家。他外表英俊瀟灑，演說起來詞藻優美並充滿了想像力，在講臺上做的實驗準確明快，這使他的聲譽如日中天。很多達官貴人聽戴維演講，就像現代人聽歌劇一樣，不一定純為科學的興趣，還因為有娛樂的價值。

就在 1812 年 2 月 29 日的晚上，法拉第連跑帶跳的登上皇家學院的石階，推開皇家學院的大門，不自覺的從此跨入了另一個

世界。

這天晚上的講題是「發光的物體」。法拉第找到自己的位子後，立刻把筆記本打開，開始描寫皇家學院高雅的大廳，設備精緻的演講臺，再配以精確的圖畫。他看了看四周坐的都是穿著整齊的紳士、淑女，每一個人都熱切的等待主講人的出現，氣氛顯得有些緊張，因為有傳言說，這組四次的演講後，戴維就不再繼續公開演講了。

八點整，高大英俊的戴維出現了。他雖非貴族出身，卻有帝王般的氣派。這舉世聞名的科學家立刻吸引了所有人的目光與注意力。

戴維的演講引人入勝，實驗準確又誘人，與在塔騰家聽的演說相比，真是天壤之別。法拉第聚精會神的聽著，手不停的記錄著。一次演講結束，法拉第一共

記了九十六頁筆記，外加各式的圖表及臺上實驗儀器的圖形。法拉第忽然覺得戴維就像自己的夢，一下子距離這麼近，可以看得見，聽得清楚，但一下子又消失得無影無蹤。

幾個月之後，聽完了四次演講，法拉第益發覺得：自然界充滿了神奇，裡面不知道有多少奧妙，正待人去探解，因此他對科學更為著迷了。

夜深人靜，獨自在書店的小樓上，法拉第輾轉反側，心情複雜萬分。他想到這些日子的好運氣：都市哲學學會的筆記引起譚斯先生的注意，使他得到戴維教授演講的入場門票，讓他第一次跨入皇家學院的大門。現在如果把戴維教授演講的筆記同樣的整理裝訂後，送給戴維，這樣能否對自己哲學家的夢，加一把助力？

再過幾個月，他的學徒生涯就要結束了，瑞寶先生好心的介紹他到另一個法國移民開的書店做釘書匠。法拉第很感激瑞寶先生這些年對自己的愛護，但哲學家的夢是如此的強烈，他怎麼能就此割捨？

於是法拉第打算把戴維四次演講一共三百八十六頁的筆記，重新整理抄錄，編排一個精美的封面，並做最完美的裝訂。他更準備寫一封信，請求戴維先生給他一個研究自然哲學的機會。拿定了主意，法拉第立刻開始工作。

可是過沒幾天，就聽到戴維接受英皇的冊封，正式成為戴維爵士，而且要跟一位非常有錢的寡婦結婚的消息。新人將在婚後去蘇格蘭度蜜月，過年之前不會返回英國。法拉第的心像是天空中的熱氣球，一下子落入冰冷的

海底，但他不願如此輕易的罷手，他還要做最後的努力。

他勇敢的寫了一封信給皇家學會的會長班克斯先生，懇求他給自己一個機會。但信卻石沉大海，法拉第始終沒有收到一點回音。

1812 年 10 月，法拉第離開瑞寶先生的書店，轉到新雇主德拉如先生的書店上班。誰知道這位法國人的個性與瑞寶先生完全南轅北轍，脾氣暴躁不說，最糟的是他對科學毫無興趣，根本不允許法拉第在店裡從事任何科學的研究活動。

這年的冬天對法拉第來說似乎特別冷，他的夢就像倫敦街頭的落葉，無助的掉在地上，任人踐踏而面目全非了。

他沮喪的寫信給他的朋友說：「現在我還是得幹我的老行業，要是我有機會，我一定會離

開。不過就目前的情況來看，哲學只好讓有錢與有閒的人士去追求了。」

6 佳 音

　　法拉第天真的以為，商人都比較自私；而哲學家則是不謀私利，只追求真理，幫助別人，是高尚的。他好像沒有察覺到，在當時，有錢有勢的人參加任何學會都易如反掌，一般人則必須有相當的成就，才有可能被邀請參加。這跟人格的高尚沒有絕對的關係，差別是在所屬的社會階層而已。

　　就在法拉第痛苦掙扎的時候，忽然聽到戴維與他的新婚夫人已返回倫敦的消息。法拉第又重新燃起一線希望，決定做最後一搏。他立刻把前些日子精心裝訂成冊的筆記本，以及一封懇切的信寄給了戴維。

　　等待，是另一種煎熬，時間好像過得特別慢，現在搬回家住

的法拉第又不願增加母親的憂慮，只得裝作沒事的樣子。他盡量自我安慰──一定是戴維先生太忙了。他離開英國這麼久，必然耽誤了許多工作，再加上有了夫人，當然是忙上加忙，沒空回我的信了。

轉眼一年將盡，年節的氣氛愈來愈濃，法拉第的心情卻愈來愈沉重。然而就在 12 月 24 日那天，一個穿著整齊的侍從，出現在法拉第破舊的公寓前，交給法拉第一封來自皇家學院的信。

法拉第的手因為興奮而有些顫抖──這是戴維的親筆信函：

非常高興你對我的信任，謝謝你的信與稱許，你的熱忱，你的記憶力很令人敬佩。但是我近期要出國，一直到明年 1 月底才能回來。到那時，你可隨時來看我。有任何可以為你效

勞的地方，請不要客氣。

法拉第匆匆看完信，謝了送信的人。那人禮貌的彎了彎腰，轉身離開。法拉第送他到門口，看著一部漂亮的馬車很快的消失在街頭，隱約的馬蹄聲依然十分清脆。仰望天空，法拉第像是在做夢──方才是一位天使來報佳音嗎？

他不在乎再等一兩個月，反正已經等了這麼久了。只是戴維真的會給他一個從事科學研究的機會嗎？不管怎麼樣，只要能進入皇家學院，做什麼都行。

終於到了與戴維約好見面的日子了。法拉第特地穿上最體面的衣服走進皇家學院。戴維很友善的接見他，親切的握了他的手，請他坐下。法拉第先自我介紹，然後請求戴維幫他在皇家學院找一份工作。

　　戴維靜靜的聽完，感受到這個年輕人的熱切與期待，於是耐心的解釋說:「看你的筆記，我就知道你絕對有能力做一個哲學家。可是哲學家並不是你想像的那麼偉大!」

　　「我知道，我知道，……」法拉第搶著說。

　　戴維笑著伸出手，阻止法拉第繼續說下去，「法拉第先生，你有女朋友嗎?」

　　法拉第有些困惑的搖搖頭。

　　「沒關係，你以後總會有的,」戴維頓了一下，「我只是要打個比喻。」

　　法拉第點點頭，把身子坐正。

　　「科學，……」戴維停了一下，「科學，就像一個很習鑽又難伺候的情婦，往往花很多精神，依然是費力不討好。你知道有多少科學家，經常是花了很多

的時間、精力，結果什麼也得不到！」

法拉第一時弄不清戴維的意思，有點不知該如何回答。

戴維接著又解釋說，目前皇家學院並沒有空缺，無法提供他工作的機會。最後他說，裝訂書本也是一個很好的職業，勸法拉第安心做自己的工作，以後皇家學院有什麼書需要裝訂，一定會把生意介紹給他。

像個漏了氣的皮球似的，法拉第頹喪的走出皇家學院，眼淚幾乎要掉下來了。他想起先前母親不安的眼光和她說的話:「什麼事都要隨緣，不能強求。」難道母親早已預料到了？

法拉第在繁華的倫敦街頭漫無目的的逛了一陣，他想:凡事不可強求，如果注定了一輩子要做個釘書匠，那也只有做釘書匠了。可是那個哲學家的夢呢？從

前好心的瑞寶先生，只要不妨礙工作，總會讓自己做些喜歡做的事，如今的身分不再是學徒了，在德拉如先生的店裡工作這麼忙，還能有多少精力去做其他的事呢？法拉第搖搖頭，無奈的接受現實。

法拉第盡量不去想得太多，不時提醒自己要好好的工作。就在第二年（1813年）3月，當春天的腳步正悄悄的靠近時，一個星期五的清晨，那個被法拉第視為天使的侍從，又再一次出現在法拉第的門前，交給法拉第一封信。

法拉第有些疑惑的打開信。原來戴維的一個助手因為與同事發生互毆事件，被皇家學院解雇，所以戴維想起法拉第，問他是否有興趣接替這個工作，薪資是一週二十五先令，而皇家學院樓上有兩個小房間可以作為他的住所。

　　法拉第興奮的立刻答應，並收拾衣物準備上班。全家人也都為他感到高興。當他向德拉如先生辭職的時候，德拉如先生突然一反常態，殷勤的挽留，又不住的讚美法拉第的手藝，「你知道我沒有孩子，」一向暴躁的德拉如先生非常溫和的說：「只要你留下，將來這裡的一切都是你的。」

　　法拉第有些吃驚，但他的心早已不在這裡了。他很感激老闆給自己的讚美與肯定，他謝過德拉如先生，轉頭大步離開，朝他的夢想前進。

7 進入皇家學院

　　法拉第大概沒有想到，從那時起皇家學院便成了他這一輩子工作的地方，也成了他一輩子的家。

　　戴維最初給他的工作不過是清洗試管及掃地等雜事，性質幾乎與他在瑞寶書店初當學徒時差不多。但對法拉第來說，這等於是一步登天了。他現在不再是被動的裝訂別人寫的書，而是主動的探討自然界的神祕，以及如何抽絲剝繭去尋找並寫出自己的答案。更何況他現在的老闆是舉世聞名的化學家戴維爵士。

　　其實法拉第裝訂書籍所學習到的許多技巧並沒有白費，尤其是已練就的靈巧的雙手。在那個時代做科學研究，很多實驗儀器都需要自己設計與製作，一雙靈

巧的手，實際上對法拉第有著很大的幫助。

實驗室是個很危險的地方，尤其在當時很多的安全措施和觀念還很缺乏。戴維就曾經歷多次意外，幸好每次都是有驚無險。就在法拉第開始工作幾天後，一次接觸到戴維新發現的「三氯化氮」時，突然引起爆炸。法拉第寫信給他的朋友形容當時的情況：「發生得實在太快了，我的一片指甲立刻被炸掉了一半，整隻手都腫了。」

對法拉第來說，這是做哲學家必須面臨的挑戰；但對戴維來說，在皇家學院工作了十二年之後，名利雙收的他，已無法像從前那樣兢兢業業的安守在一個地方了，尤其他的妻子又是個很有野心的女人。就在法拉第進入皇家學院一個半月以後，戴維辭去教授的職務，只保留名譽教授的

頭街，便帶著妻子及一些社會顯達回到他的故鄉康瓦爾去釣魚渡假，休閒之暇順便探測康瓦爾地下豐富的礦物資源。而他的職務則由維廉‧布蘭德先生接替。

　　法拉第在皇家學院的職務與工作，並沒有什麼改變，只不過他的頂頭上司換成了布蘭德先生。法拉第用心工作之餘，絕不錯過皇家學院的每一場演講，對此他也有自己的體會與見解。他在筆記本上寫道：「演講的人要從容而沉著，思路要清晰，對主題一定要說得簡潔而明白，臺風則要自然輕鬆而不能太呆板。」日後法拉第也成為一流的演說家，該不是一件很令人意外的事。

　　戴維結束了他的故鄉之旅回到倫敦後，立刻開始一個雄心勃勃的計劃。他打算到歐洲，特別是介於法國南部與義大利北部的火山區，他要證實火山的活動可

以用化學方法來解釋的這個論點。雖然此時英國跟法國正在打仗，但戴維的聲名早已遠播歐陸，拿破崙皇帝毫不猶豫的准許了這位敵國科學家的簽證。戴維邀請法拉第做他的助手一同參與這個科學之旅。

在當時英國貴族或上流社會的家庭，一般子弟受教育到某個程度後，都會由他們的家庭教師陪同到歐洲遊歷，以便開闊他們的視野，增廣他們的見識。但這絕非一般工匠階層的孩子可以奢望的。法拉第當然毫不猶豫的答應。

其實戴維的出身也不是很高，他的家庭雖然比法拉第富有，但也算是中下階層。戴維的父親是一個木匠，自己有些田產。戴維受過完整的小學教育，畢業後跟一個藥劑師當學徒，最後又在一個醫生主持的機構裡工

作，做了幾個很成功的實驗，其中笑氣使他聲名大噪。魯姆佛伯爵創立皇家學院時就邀請戴維擔任化學教授。戴維憑著他的知識與能力，還有個人無比的魅力，自進入皇家學院後，就平步青雲，名氣一天比一天大。封爵之後，又娶了一個有錢的妻子，很快就完全融入了當時的上流社會。

8 學習進修之旅

　　1813 年 10 月 13 日，法拉第生平第一次離開倫敦，此行不但可以遊歷歐洲的名山大澤，更重要的是他可以見到世界頂尖的科學家，親自領受他們的教誨，這也是一個千載難逢的學習進修之旅。

　　但就在他們出發的前夕，戴維的男僕突然拒絕跟他們去歐洲。時間緊迫，戴維一時無法找到另一個男僕，於是他要求法拉第臨時兼任男僕的工作，並允諾到了法國第一件事就是另外找一個男僕。法拉第雖不情願，但還是勉強接受了這樣的安排。

　　戰爭期間要找一個合適的僕人談何容易，況且戴維夫婦又是非常挑剔的人。戴維一直沒找到他滿意的人，因此法拉第只能繼

續兼任男僕，而戴維夫人對法拉第完全是一副主人對下人的態度，有時在其他人面前她也毫不客氣的頤指氣使，甚至不願與法拉第同桌吃飯，這對法拉第無疑是莫大的屈辱。

在善德美尼教會長大的法拉第，從來不覺得自己貧窮，更不覺得貧窮是件可恥的事，而長輩總是這樣教誨:「耶穌在世上受的苦比我們任何一個人受的都多。」而且「受苦多的人更容易進天堂」。

戴維夫人盛氣凌人的態度使法拉第很痛苦，忍不住向上帝祈禱，這輩子不要再讓他遇到像戴維夫人這樣的女人。他心裡也默默的決定這輩子絕不結婚，無論如何不能像戴維這樣受一個女人的支配。

當然這次旅行也有豐收的一面。各地的科學家幾乎每個人都

很友善，對戴維這個年輕又平易近人的助手都很讚賞，尤其對他做實驗的技巧留下很深刻的印象。

11月，他們去參觀製糖工廠。法拉第到皇家學院後，所做的第一項工作，就是從甜菜根裡抽取糖分，如今他看見同樣的理論，成功的運用在工業上，使他感到興奮不已。更讓他高興的是，有機會聽到法國著名化學家蓋魯薩克的演講，唯一美中不足的是他的法文不好，有些地方聽不懂。

11月23日，有幾個科學家來拜訪戴維，其中包括安培＊，這

放大鏡

＊安培　1775～1836年，是位法國物理學家，他可以說是一位天才，十一歲就已經精通拉丁文並知道如何應用微積分。他對物理學最大的貢獻是電磁學，他證明了電流可以產生磁場。如今在各地的碼頭上，起重機通電後可以搬運巨大的貨櫃箱，就是應用這一原理。後人尊重他對電磁學的貢獻，就以他的名字作為電流的單位。

個在研究電方面非常有成就的法國物理學家。還有庫圖瓦*把他新發現的一種顏色很深的結晶物質帶來給大家看，他認為這個物質該是一種氯化物，至少裡面含有氯。

幾天之後，戴維就在他住的旅館裡做實驗，發現這個新物質並不含氯，只是很多的性質與氯頗為相似。他就給這個新的物質定名為「碘」，這是由希臘文紫色而來。

然後他們到地中海岸，戴維花了近一個月的時間，希望能從海草裡找到「碘」。他們訪問了尼斯之後，穿過阿爾卑斯山的南麓到達義大利的佛羅倫斯。法拉

放大鏡

*庫圖瓦　1777～1838 年，法國化學家，他的重要貢獻是發現元素碘。曾在法國陸軍服役，當藥劑師。以後加入父親的製硝業，1811 年他在父親的工廠中，把海草灰與硫酸加熱而形成一種紫色氣體，這氣體最後凝聚成了一種黑色結晶物質。1813年戴維建議將此新物質定名為碘。

第對沿途的人文地理，無不一一的記錄，法拉第沒有戴維的詩情，但他的記載卻是忠實有力。有時他自己出外觀光，一如往日，他詳細的記載每一個細節，並且經常寫信給家人及朋友。

法拉第從出生到現在，活動的範圍不曾超過倫敦，忽然到了外國，什麼東西都很新奇。對法國海關近乎刁難的檢查，法拉第非常不高興，但對法國的食物則是讚不絕口。

在佛羅倫斯他們做了一個昂貴的實驗，那就是燃燒鑽石。他們用當地一個大學實驗室特製的玻璃聚光鏡片，讓太陽光通過該鏡片而集中於它的焦點，結果放在該焦點上的鑽石就燃燒起來，留下的只是一股「二氧化碳」的輕煙。證實了鑽石不過是碳的結晶而已。

戴維帶著他的行動實驗室

（這在當時是一件很普通的事），隨時都可以做實驗，可是有需要時，以戴維的聲譽，也能讓他們進入任何當地的實驗室。

1813年一轉眼就過去了。第二年他們前往義大利去看火山，又遊歷了幾個其他的城市。在巴維亞他們與伏特＊——這位當時對電研究最有成就的大物理學家一起盤桓了好幾天。之後他們到達日內瓦，在這裡他們見到德拉瑞夫，從此法拉第與德拉瑞夫一家人建立了一生的友誼。據說有一次，在德拉瑞夫得知，法拉第不能與他們一齊同桌吃飯時，他立刻宣稱如果法拉第不能跟大家

放大鏡

＊伏特　1745～1827年，義大利物理學家，1775年他發明了靜電感應電盤，是一件可以因磨擦而生電，再把電轉移到另外一個導體的設備，因而可使該導體產生很高的靜電壓。1800年他創造了以化學方式，產生持續電流的裝置——人類史上第一個原形電池，奠定了現代電池的基礎。後人為尊崇他的貢獻，就以他的名字「伏特」作為電壓的單位。

61

一齊吃飯，那麼他們會特別為法拉第一個人另開一個飯局。由此可見年輕時的法拉第已經是非常受到同行科學家器重了。

他們又去奧地利玩了一些日子，然後回到義大利過冬。到了羅馬後，法拉第開始對這個旅程感到不耐煩。不只是因為戴維根本沒有再去找一個僕人，更因為戴維夫人的虛偽與勢利，讓他實在難以再忍受下去了。

在一封給朋友的信裡，法拉第有這樣的一段敘述：「在義大利附近一個海灣裡遇到風浪，每一個人都有些緊張，戴維夫人幾乎暈倒，我無法判斷情勢到底有多少危險，可是我並不在意，因為至少我可以享受片刻的安寧。」

這一趟科學之旅，讓法拉第發現，他最崇拜的人如戴維也有許多缺點。戴維固然是一個了不起的科學家，但在做人方面，經

常顯得虛榮自大。他與他的夫人的婚姻到底有多少是名與利的交換，有多少真情，也叫人懷疑。他也第一次體會到，世上的許多不平等，都是人為而非天生的。

　　歐洲之旅對法拉第的學養，就像大學生進修後拿到了博士學位。而在他的思想上，則是有了很多新的領悟而變得成熟。在一封給朋友的信中他寫道：「這次旅行訪問真的使我瞭解到自己的孤陋寡聞，我一定要利用機會盡快彌補，」然後他說：「戴維在化學與科學方面的知識，可以說是取之不盡，用之不竭，經常在他身邊，耳濡目染下，令我受益無窮，這是促使我留在他身邊，繼續完成這趟旅程的真正理由。」

　　原本他們還要去土耳其，但局勢有了變化，拿破崙戰敗被關，沒多久又從厄爾巴島逃走。地中海一帶政治情勢不穩定，瑪

爾他島又有疫病流行。於是戴維決定返回英國。

1815 年 4 月 23 日，法拉第回到倫敦，雖然這次旅行有許多不愉快，但他對戴維依然敬重，對戴維的幫助則是一生感激不盡。

戴維可能覺得對法拉第有些內疚，回來之後立刻用他的影響力，將法拉第的職位，從實驗室助手，升到皇家學院實驗室儀器與礦物收藏總監。薪水增加到一週三十先令。他除了要負責照顧實驗室裡所有的東西，還要幫學院裡的學員做分析以及其他科學方面的服務。

9 嶄露頭角

法拉第跟戴維雖然在旅途上有些摩擦，但對初進皇家學院的法拉第來說，戴維實在是一個難得的好老師。戴維實驗的技巧出類拔萃，有口皆碑，他的實驗室永遠是整齊清潔，後來法拉第的實驗室也同樣的有條不紊，多少是受了戴維的影響。戴維的演說口才與臺風更是無與倫比，不知傾倒多少聽眾，這一切都是法拉第最好的榜樣。更重要的是他很器重法拉第，他看出法拉第不只是一個好助手，更是一個人才，因此他鼓勵法拉第做自己想做的實驗。

法拉第工作認真，幾乎是個工作狂，皇家學院的環境正好適合像他這樣的人。

皇家學院的地下室分成兩部

分，後面是化學實驗室，相連的還有一個小演講室；前面有個佣人房，後來改成法拉第的磁實驗室。這裡沒有什麼陽光，完全靠煤氣燈照亮，所以法拉第的磁實驗室有個外號叫「法拉第的黑屋子」。而皇家學院的頂樓則是法拉第居住的地方。

自 1813 年起，法拉第便住進皇家學院，除了一、二樓是公共場所外，頂樓和地下室就成了他私人活動的地方。他的生活、工作全在這裡，四十年如一日，幾乎很少離開過。

皇家學院離法拉第的母親、哥哥與妹妹的住處都不遠，星期天他一定回到善德美尼教會做禮拜並與家人團聚。家庭與教會是法拉第一生最大的精神支柱，也是保持他一生不亢不卑、謙和可敬的最大力量。

1816 年，法拉第在《科學季

刊》上獨自發表了他第一篇科學論文，這是分析義大利「塔斯肯尼石灰岩」的實驗報告。有人說二流的科學家，在頭等的實驗室，可以做出一流的成果。如今一流的法拉第到了英國最先進的實驗室，在科學界很快的嶄露頭角，也就不足為奇了。即使進了皇家學院，法拉第與都市哲學學會的朋友仍保持聯絡，同時他也開始在那裡演講，擔任講師。如果沒有戴維明星般的大名氣籠罩，法拉第的聰明才智早就光芒四射了。

法拉第在很早期就顯示出他不平凡的天賦。他做實驗就像當年裝訂書本一樣，不只有耐心而且精確，每一個細節都不輕易疏忽。此外他追求真理，從不妥協，更不輕信任何理論學說，除非讓他親眼看見實驗證明。

他說:「哲學家應該聽每一個

建議，然後自己做判斷。不能做應聲蟲，人云亦云，只能就事論事，真理應該是最終的目的。」他又說：「科學時常會混入很多的錯誤，要改正不只要花很多力氣，還需要精神上的自主與獨立。」

這種近乎理想主義的見解，是他一生做人做事最大的原則，但也像許多理想主義者一樣，注定要受到很多的折磨與失望。

他認為哲學家應該自由想像，可是任何的思想與概念，都要以良好的判斷能力為前提。更重要的是，思想與概念要有準確嚴格的實驗為依歸，在他看來，任何不做實驗的哲學家，都是虛假的哲學家。

他相信人的智慧是無可限量的，因此他一有什麼新想法，就立刻做實驗以便印證其正確性，所以很多人說他是科學史上最富創造性的科學家。

先前他歐遊的經歷以及他的宗教信仰，也使他處處謙虛，在同事面前對自己的能力與見解，不做任何沾沾自喜的表現。憑著不斷的努力，這位年輕的哲學家，在皇家學院很快的受到大家的尊敬。他的新職位也讓他有了新的進境，雖然他失去戴維緊密的指導，但是皇家學院圖書館豐富的收藏，以及先進的實驗室都成了他的新寶庫。

戴維在結束歐遊回到倫敦以後，受託研究礦場的安全問題，法拉第奉命協助這項工作。當時在礦坑裡照明是用蠟燭，問題是礦坑裡，時常有一種叫甲烷的氣體，一旦遇到火焰就會爆炸。

1815 年，戴維與法拉第做了許多這方面的實驗，這可以說是化學界最早對火焰及瓦斯爆炸所做的研究。研究一直持續到 1816 年，法拉第在這項研究上有許多的貢

獻。這項研究不只使英國礦業界有長足的進步，也是法拉第在新職位上最好的開始。

除此之外，他也跟著布蘭德教授工作。布蘭德正在為醫學院的學生，做為期一年的一系列化學演講，而法拉第要為他演講中的實驗部分，做所有的準備工作。這實在是學習化學最好的機會。這時布蘭德也開始編輯一本叫《科學與藝術》的雜誌，其中主要的內容大多是與化學有關。法拉第協助編輯工作，使他接觸到從世界各地來的、各種有關化學的文章。編輯工作需要詳細閱讀每一篇文章，這對法拉第的化學理論基礎，有很大的助益。

為了這許多工作，法拉第必須閱讀很多的書本與雜誌，並隨時做筆記。他的筆記越記越多，最後他不得不把布蘭德著作出版的教科書《化學手冊》拆散插入

自己的筆記，然後使出原來釘書匠的本事，重新裝訂成三大本。

1819 年，法拉第又開始另一項任務──與皇家學院的詹姆斯‧史都達先生做一些合金的實驗。他們的目的是要分析高級的鋼，並在實驗室裡複製出來。史都達先生從事製刀業，這對鐵匠之子的法拉第來說備感親切，因此他對這個實驗非常熱心。法拉第為了這個實驗還特別設計製造了一個高溫的熔爐；又運用一年前在南威爾斯地方參觀製銅工廠時，學到的一些冶金技術。他們花了將近四年的時間研究，可惜成果並不理想。主要是因為為了提高鋼的品質，他們必須使用一些貴金屬（如金銀），成本太高了。

這時法拉第在英國已經是小有名氣的化學家了。他常以顧問的身分幫助分析合金、黏土等

等。同時他也要以專家的身分，到法院為一些訴訟做證人。他曾於 1819 年，與戴維、布蘭德及其他幾個化學家，被法院傳去作證。

起因是一個製糖工廠失火，保險公司拒付賠償。主要的爭執在於是提煉糖時所用的油引起火災，還是糖本身燃燒造成失火。如果是前者，則因為在投保前，製糖工廠沒有向保險公司提出這種可能性，因此算是詐欺。可是糖廠則辯稱在攝氏三百零四度以下，油不可能起火。法拉第做了很多實驗，證明油低於攝氏三百零四度時即可燃燒，因此起火的原因應該是油。雖然糖廠後來沒有因為詐欺罪判刑，但法拉第的證詞對他們十分不利。

這些實驗對法拉第來說很有收穫，因為這些實驗牽涉到要用高溫來處理油，再觀察油的分

解。這樣的手續過程，很快的就
被他應用到分解其他的物質上。

10 戀愛結婚

　　1821 年，是法拉第生命中一個重要的轉捩點，因為他發現自己戀愛了。

　　原本法拉第對婚姻很反感，他一直相信家庭是累贅，妻子會干擾他的工作。他曾毫不諱言的把自己的見解寫成一首詩：

什麼是人類的禍患與煩擾？
妻子能帶給一個人
什麼樣的苦惱與詛咒？
是愛！
什麼力量可以毀滅
一顆堅強的心？
什麼人可以用仁慈去欺騙？
是什麼詭計偽裝的如此美好？
把一個聰慧的人
變成笨拙的小丑？
是愛！

　　平時法拉第不論如何忙碌，星期天一定回到善德美尼教會做禮拜，這是他從小就不曾間斷的習慣。現在他的工作很忙，這也變成他跟家人聚會難得的好時光。只有在親友與教友間，法拉第才覺得輕鬆自在。

　　一天做完禮拜，法拉第跟哥哥羅勃站在教堂外面，一邊閒聊，一邊等著母親。

　　「你每天做這麼多的事，野心也太大了點吧！那天母親還說你這樣會把身體拖垮的。」羅勃說道。

　　「哪有什麼野心？我只是應付分內的工作而已。」法拉第搖搖頭。想到這些日子的確很忙，不只在化學方面有許多新進展，同時對自己一直有興趣的電與磁，也不斷做新的嘗試，「我去看看母親在裡頭做什麼？」說完一轉身，差一點把從後面走過來的人

撞倒。

「真是對不起，對不起。」法拉第連聲的道歉。

「沒事，真的沒事，法拉第先生。」陽光下一道柔和的目光，在淺藍色的帽簷下閃爍。

聽到對方叫自己的名字，法拉第忽然像是觸了電，有些呆住了。怎麼自己不知道眼前的女孩子是誰？

「嗨！你們在這兒聊天呀。」法拉第的妹妹瑪格利特跟母親剛好一起走了過來。

「不是聊天，」羅勃笑著說，「我們的哲學家撞著伯納小姐，現在正在賠不是呢！」

「沒那麼嚴重！」伯納小姐咯咯的笑了，臉上出現一片紅暈。說完她向法拉第的母親及瑪格利特欠一欠身，擺擺手走開。一個藍色婀娜的背影，像一陣風，弄得法拉第有些昏暈。

「伯納？」法拉第把這個名字重複的念了一次。

「莎拉‧伯納，你不知道她是誰？」瑪格利特問，「上星期講道的就是她的父親。」

「對！對！」法拉第這時才想起，連聲應和著。

沒想到，從教會再回到實驗室，法拉第發現生平第一次完全沒法子專心工作。一道柔和的目光，一個藍色的身影，老是在腦子裡旋轉，揮之不去。就這樣，他對婚姻的觀念，突然有了一百八十度的大轉彎，對伯納小姐展開追求。

伯納小姐比法拉第小九歲，也曾讀過法拉第的那首詩，知道法拉第對婚姻的偏見，起初有些排拒。但是法拉第又使出當年一心要做哲學家的那股牛勁，終於打動了伯納小姐的芳心，他們就在 1821 年 6 月 12 日結婚了。婚

後，法拉第就帶著新娘一齊搬進了皇家學院頂樓的房間。

法拉第因為工作太忙，連度蜜月的時間都抽不出來，但莎拉卻毫無怨言的接受了。莎拉是一個具有母性溫柔的女人，她很愛護法拉第也很敬重他。雖然她對科學一竅不通，但她很瞭解丈夫對科學的執著，因此對法拉第照顧得無微不至。法拉第是一個工作狂，往往工作起來就忘了時間，這樣自然會影響到健康。莎拉很多次向法拉第提議應該搬離皇家學院，至少跟工作的地方，保持一點距離，可是始終無法說服法拉第。莎拉只好時常邀法拉第出去走走，後來她發現法拉第很喜歡猴子，他們就時常去動物園；有時他們會一齊去看戲。莎拉總是盡量找些活動，好讓法拉第放鬆一下。

法拉第的婚姻生活非常幸福

快樂。很多年以後，他的一位同事，曾親眼看見他寫的一張便條:「我把 6 月 12 日這個日子，放在這些資料與事件紀錄的中間。這是我們結婚的日子，它給我的榮譽與快樂，超過所有的一切。」

11 氯碳化合物、液化氯

　　沉浸在幸福婚姻中的法拉第，在化學方面的研究也有新的發展。在當時「有機化學」正在萌芽階段，所謂「有機化學」就是研究含碳的化合物。當時一般的印象是，非金屬元素都能跟碳化合，但是氯不能跟碳化合。法拉第覺得這有待探討，他在實驗室裡不斷的實驗，經過許多步驟後，終於使氯與碳化合，所產生的溶液就成了現代乾洗業常用的溶劑。

　　另外一個發展則是在氣體學方面。18世紀許多氣體不斷的被發現，其中很重要的一個氣體是氯。瑞典化學家席利首先發現氯是一種氣體。其後戴維證實氯是一種元素，氯與水化合就成為固體，戴維就把這個固體取名為

「水化氯」。

1823 年有一天，戴維跟他的朋友巴利斯出城到外地。

法拉第平時的工作已經非常繁忙，他只有等稍微有空閒的時候，才能做些自己想做的研究。那天天氣很冷，戴維又不在。在完成許多例行工作以後，他就開始做戴維交付有關固體「水化氯」的實驗工作。他拿一個倒 V 形的封閉試管，在試管一端放置了「水化氯」，另一端放在冰水中，「水化氯」經加熱後變為氣體，流到試管的另一端後，因冷卻作用形成兩種液體，其中之一是水，另一種則因氣體本身的壓力及低溫而成為液體的氯。

晚上，戴維跟巴利斯回到皇家學院。巴利斯發現一個玻璃試管內有些油，以為法拉第沒有把試管清洗乾淨，有點不高興。法拉第沒有做任何解釋，他只把試

管封口打開，油就消失了。隨後巴利斯聞到氯的氣味，讓他非常驚奇。吃晚飯的時候，巴利斯把這情形告訴戴維，戴維也很驚訝，愣了一下，說：「明天我去問問法拉第這是什麼實驗。」

第二天一早，巴利斯發現他的桌子上有一張便條紙，上面寫著：「親愛的先生：昨天你看到的油，其實是液化的氯。」下面簽名：「你忠實的法拉第。」他們才知道法拉第完成液化氯的實驗。

法拉第把這個實驗寫成了研究報告準備發表，因為名義上戴維仍是他的上司，所以在報告發表前，法拉第先送給戴維過目。誰知道戴維竟然在這份報告後面加了幾點註解：一是這個實驗是他要法拉第做的；二是他預期可能有三種結果，氯變成液體是其中之一；最後還解釋了一些實驗的方法。註解中有關實驗的方

法，戴維也不過是重複法拉第在報告中的敘述。按照法拉第的說法，戴維從來沒有談過壓力可以使氣體液化。法拉第沒有表示什麼，這份報告便這樣發表了。

很多年以後，戴維的兄弟重提此事，法拉第不得不回應，但他只說：「顯然戴維爵士認為這個是他的題目，我也從不否認。但是他並沒有告訴我要怎麼做。」從始至終，他沒有做任何反駁，更沒有出一句惡言。

戴維是否有權利把這個實驗結果占為己有，彷彿法拉第的貢獻只是依照戴維的指示完成實驗而已，這是很值得商榷的事。如果因為法拉第是他的助手，所有法拉第做的實驗成果都算是他的，這樣更說不過去。

這件事很清楚的顯示出，戴維與法拉第之間微妙的關係。不論算是主僕或師生，戴維起初是

非常欣賞法拉第，並相信他的能力，也樂見他的進步，可是當他發現法拉第已漸漸青出於藍而勝於藍時，嫉妒之心油然而生。他無法放手讓法拉第從自己的光芒下獨立出去，他甚至覺得法拉第不夠忠貞，是背叛了他。

　　在幾個星期之後，法拉第做了一連串的實驗，把好幾種氣體加壓而予以液化。同時他發現某些氣體在到達某種溫度以後，不管加再大的壓力，也無法使其液化，他稱這個溫度為「臨界溫度」。

12 電與磁的研究

　　在法拉第初進皇家學院的時候，他大部分的時間都花在化學方面的研究。其實他的興趣很廣，早在他當書店學徒時代就表現出來了，因為他要研究的是整個自然界。

　　1820 年，因為荷蘭科學家歐斯德一篇有關電與磁的報告，刺激他又回到電與磁的研究。歐斯德所做的實驗，是個很普通的實驗，並沒有引起其他人太多的注意，可是卻引起法拉第無比的興趣。這也是很多年以後，法拉第經常喜歡用這個例子告誡年輕人，研究科學一定不能疏忽細節，也不能小看任何實驗。小東西可能包含大道理，所謂大小是沒有絕對標準的。

　　法拉第因為職務的關係，所

以時常做各種不同的研究，他又有許多自己有興趣的題目需要實驗，以致有時候幾樣研究工作必須同時進行。現在法拉第一心想在電與磁方面做進一步的研究，這樣就變得更忙了，怎麼對妻子交代呢？

法拉第婚後，沒有時間度蜜月，就是因為實驗室的工作太多了。但是體貼的莎拉，完全瞭解法拉第的處境，她一點都不猶豫的要法拉第安心工作。她安慰法拉第說：「布置一個新家，我也要忙一陣呢！」然後慧黠的笑著說：「不過，你偶爾也要幫我出點主意。」

有了妻子的支持，才剛當新郎的法拉第就埋首在皇家學院的圖書館裡，看遍相關的書籍雜誌。他的外國朋友也寄給他許多可供參考的資料。除了閱讀，他又把讀到的各種實驗，重新再做

一次，以驗證每一個結果。

　　早在法拉第之前，就有許多有關電、磁方面的研究。在1600年英國的威廉‧吉伯特，這位被稱為磁學之父的物理學家，曾做一項研究。他證實地球內部是一個巨大的磁塊，而且跟所有的磁鐵一樣有磁極（或稱為點），是磁力最強的地方。地球的磁極與磁鐵相反的磁極互相吸引，所以羅盤的指針永遠指向北方。而磁鐵所產生的吸力叫做「力場」。

　　關於電的研究，最出名的人要算伏特，這位法拉第在歐遊時曾拜訪過的義大利科學家。

　　伏特把形狀與唱片相似的銅片與鋅片，用浸了鹽水的溼布分開，製造了一個伏特電堆，可以說是世界上第一個電池。伏特發現鋅與銅在鹽水中起了化學作用，產生一種所謂的電動力（電壓），電動力就促使了電流的產

生。金屬片堆得越多，電動力越大，這在電學上是很重要的一項發明，因此現在電動力的單位就是用他的名字——伏特。

伏特在 1800 年 3 月 20 日寫信給皇家學會的會長班克斯，告訴他這件事，伏特把這個大「電堆」叫「杯子皇冠」，大概是因為金屬片堆積成一個大圓柱，有點像杯子的形狀。班克斯對這項發明非常重視，立刻把伏特的信給他的工程師朋友威廉·尼寇森看。

尼寇森與安東尼·卡利斯爵士立刻就用同樣的方法仿製了一個電堆。可是當他們把接電極兩端的電線放到水裡時，水開始冒出氣泡。起初他們有些納悶，後來他們斷定是電流把水分解了。也就是說水被分解成氫與氧兩個元素，而這兩個元素都是氣體，所以出現了氣泡。當時沒有人知

道為什麼電流能產生這樣的作用。這個神祕的作用就被稱為電解，從此電解開始受到科學家的重視。

尤其當時流行一個新的理論，那就是物質是由一些元素組成的，電解的出現正好可以用來證實這個理論。很快的各地的化學家都紛紛開始製造「杯子皇冠」，希望能發現新的元素。這其中研究成績最好的就是戴維了。

1807 年，也就是戴維到皇家學院的第五年，他製造了一個世界上最大的「伏特電堆」。他還發現：電會在接到電堆兩極的碳棒之間跳躍，產生電弧＊，這是最早的電弧燈。

放大鏡
＊電弧　將兩根碳棒接到電堆兩極時，電會在兩根碳棒之間，因流動而發光。其原理就如同閃電一樣，我們稱為電弧。

　　利用大電堆戴維還成功的分離出兩個前所未知的元素——鈉與鉀。第二年，用同樣的方法他又分離出鋇、硼、鈣、鎂及鍶等元素。他的成就引人注目，即使在英法戰爭期間，拿破崙仍頒發給他法國最高的榮譽——拿破崙獎狀。

　　就這樣化學有了新的發展，化學也把電與磁推到新的地位。這也是成長時期的法拉第對電與磁發生興趣的開始。

　　1820年，歐斯德發現一個通電的導體可以使附近羅盤上的磁針偏斜，也就是說電流產生了磁力。他把靜止的羅盤放在一個玻璃盒子裡，下面放一個很細的鉑絲，然後將鉑絲通電，他觀察到，羅盤的指針立刻向鉑絲的方向傾斜。

　　幾個月之後，法國的安培也有一個驚人的發現，那就是：當

電流通過兩根靠近且彼此平行的電線時，如果電流的方向相同，兩根電線會逐漸靠近；如果電流的方向相反，兩根電線就互相排斥，電線之間的距離就增大。由於這一發現，安培提出磁力線是由於電流產生，這就是後人所稱的「安培定律」。

歐斯德跟安培發現的電與磁新現象，更引起法拉第的好奇。

就在法拉第忙得不可開交的時候，一個叫李察·菲利普的化學家要求法拉第為《哲學年鑑》雜誌寫一篇〈電磁簡史〉。

為了寫這篇文章，法拉第重複了包括安培，及許多其他有關電與磁的各種實驗。在這些實驗中他注意到：經由電流產生的磁力，造成羅盤中磁針的傾斜角度都是相同的。他設想若把羅盤放在桌子上，電流由地板流向天花板，磁針傾斜角度永遠是逆時針

方向移動，不會順時針方向移動。當他寫完〈電磁簡史〉後，他就急著去研究這個重要的現象了。

法拉第思索，自然界上升的熱空氣有時會形成旋風，那麼升起的電流，也可能產生回旋的磁力，可使附近的磁針轉動。他擬想一個通了電流的電線，可以自由的圍繞著磁轉動，這只是他的猜測，但法拉第要想法子來測試這個猜測。如果電流真的能產生磁的旋風，那麼任何磁體都可以持續的轉動，而不只是像歐斯德實驗中的磁針只略向一邊傾斜而已。

這時在倫敦除了法拉第，皇家學會的威廉‧伍斯頓——戴維的好朋友，也對這些新發展發生興趣。他認為電流在電線中，就像一個紅酒開瓶器，是呈旋轉狀。他甚至預測如果把電線吊在

空中，附近放有磁鐵，電線就可以繞著以電線本身為軸而自轉。他重複實驗多次，都沒有成功。

　　新婚不久的法拉第，在實驗室裡也不停的做研究，他再三閱讀歐斯德的文章，把他的實驗一再重複。然後再問自己：為什麼接通電流時，磁針轉向一個方向，電流終止的時候又轉向另一個方向。歐斯德的說法是：電流通過電線會在電線的周圍產生環狀的磁力；安培則說電流產生的磁力，永遠是圍繞著電線。

　　法拉第把電線通電後，在磁的四周自由的移動。他觀察到，磁力不會旋轉電線，而是左右或前後推動電線。

　　他設計了一個很簡單的裝置，他把一條垂直的電線上端掛勾在一個水銀槽中，下端插在另一個水銀槽中，而且可以在水銀中自由運動。再用另一條電線將

兩個水銀槽接在電池的兩端，這樣電線即有電流通過。如果拿一塊磁鐵靠近電線，電線會因為磁極的不同，不是靠近磁鐵就是遠離磁鐵。但是電線絕對不會像伍斯頓所預測的那樣，做任何方式的旋轉。但是如果把電線弄彎像一個機械曲軸，再把磁鐵靠近電線曲軸的中心處，法拉第發現電線曲軸開始旋轉而接近磁鐵，如果換用另外一個磁極，電線則旋轉而遠離磁鐵。如此不停的反覆操作，則彎曲的電線就持續的轉動起來。

第二天，法拉第接著證實了磁棒可以繞著一個帶電的電線轉動。他的實驗是：先將一個磁棒放在一個充滿水銀的容器中，底端用銅線固定，上端則伸出水銀面。再將一根電線，垂直的浸入水銀表面，而且固定電線，讓電線不能自由的在水銀中運動，然

後將電線通電，結果磁棒就繞著電線轉動了起來。接著他用同樣的裝置，但將磁棒固定在水銀中，而電線可自由運動，通電後發現帶電的電線會繞著磁棒而轉。

實驗成功讓法拉第非常興奮，照著他的老習慣，他把每一個細節都記錄下來了。這個實驗的成功，在電學上是非常重要的一件事，但在當時他並不知道，這種電磁的轉動是電動馬達的先驅雛形。

法拉第將假設到實驗的過程、一路思索的方法與方向、實驗的設計及改進、以至結論，寫成論文，發表在1821年10月的《科學季刊》上，題目是「電磁的一些新運動」，立刻受到矚目。很快的，這篇文章就被翻譯成許多種文字。世界各地的科學家都開始研究這個實驗，顯然這

個實驗結果潛存著很多實用的價值，但法拉第並沒有朝實用的方向推進。這個實驗把法拉第推到大師級的地位。沒想到就在法拉第的聲譽如日中天的時候，戴維卻指責他有抄襲之嫌。因為很多人都知道，伍斯頓曾預測電線通電後，在磁鐵附近可以旋轉。

　　雖然法拉第在皇家學院拿的還是實驗室儀器與礦物收藏總監的薪水，但他的表現與成就已有取代戴維之勢，這使戴維很難接受。

　　其實文章發表前，法拉第知道伍斯頓也在做有關的實驗，曾試圖與伍斯頓聯絡，但因為他出城，法拉第找不到他，因此作罷。現在發生這樣的事，法拉第有些懊悔，也許論文不該這麼快發表，但為時已晚，他只好直接寫信給伍斯頓，希望能澄清這件事。兩天後二人見面，伍斯頓承

認他的實驗與法拉第很相似，但並不完全相同；作為一個紳士，他保證會設法終止這種謠言。

這件事從始至終，戴維沒有為法拉第說過一句辯護的話，是最令法拉第難過的事。年事漸長的戴維，對法拉第的不凡成就，嫉妒漸深。最明顯的例子就是兩年後，李察‧菲利普等二十八個人推薦法拉第為皇家學會會員的事件。皇家學會是英國所有學會的指標性機構，以法拉第的成就應邀入會，原是順理成章的事，連伍斯頓也表示支持。但擔任皇家學會會長的戴維，竟公開表示反對。但提名的消息已經公布了，結果形成一個很尷尬的場面。

法拉第自述：「戴維爵士告訴我一定要把我的提名撤銷，我回答：『別人提的名，我沒有權力撤銷。』於是他又說，我得要求那些

提名的人去撤銷，我說我不相信他們會如此做。最後他說，作為皇家學會的會長，他有權力把這項提名撤銷。我回答說，戴維爵士當然會做一切對皇家學會有利的事。」

1824 年，法拉第的入會提案是在幾乎全數會員贊成，只有一票反對下通過，每個人都知道反對者是誰。戴維始終堅持法拉第有抄襲之嫌，不願意承認法拉第電磁實驗的獨立性。事實上，法拉第與伍斯頓兩人的實驗動機雖然相似，但在技術上，法拉第的設置與伍斯頓的完全不同；法拉第的論文在學術上更是站得住腳。伍斯頓只是預測：帶電流的電線因磁力會繞著電線本身為軸而自轉；法拉第則是證實電線會繞著磁極而旋轉，這是兩個截然不同的實驗結果。

法拉第是一個非常敏感的

人，這件事對他的打擊很大。雖然戴維的攻擊並沒有成功，法拉第保住了清白，也順利進入皇家學會。但從此法拉第變得很內向，他開始遠離社交，他生活的圈子也只有親戚及很少的幾個朋友，他把自己更深的埋首在實驗室裡。

如果法拉第能換個出身，或者他有戴維的魅力與英俊的外表，或者那些達官貴人的科學家，只是他平起平坐的同事，法拉第可能早就出人頭地了。但他只是一個小小的釘書匠，一個滿懷夢想的哲學家，一個不知天高地厚的理想主義者，所以他注定要事倍而功半，不斷的掙扎。但作為一個有理想有夢的人，任何打擊都不會輕易的把他打倒，憑著他的毅力與忍耐力，以及驚人的工作能力，他的成就豈會只有這些？

13 法拉第的演講

　　皇家學院的定期演講，自戴維離開後便由布蘭德擔任。1823年的某次定期演講，布蘭德因事不能出席，臨時請法拉第代替，沒想到從此展開法拉第在皇家學院四十年的演講活動。其實在這之前，他在皇家學院也做過一些演講，但就跟他當年在書店當學徒一樣，從最底層開始。他講的只是實驗室的設備等等最基本的一些題目。可是他的演講經驗不止於此，他曾在都市哲學學會做過十七個有關化學的演講。他還請他的朋友愛德華‧莫各茲個別指導，並在晚上去上有關演講的課程。

　　法拉第對演講非常認真，對自己的要求很高。按照他自己的規矩：一、句子絕不能重複；

二、不任意回頭修改；三、如果臨時找不到適當的詞，絕不能嗯、嗯、啊、啊，應該停頓一下，適當的詞句會很快的回來，去除這些壞習慣，演講就自然流暢；四、別人的指正，一定要虛心接受。

到了 1824 年，皇家學院的化學演講，講員除了布蘭德又加上了法拉第的名字。這樣兩人合作的情況一直延續了三年。後來因為院方與布蘭德在學院出版的《科學季刊》編輯上起了爭執，布蘭德就不大來皇家學院了，這種情況持續了許多年，布蘭德成了一個缺席的化學教授，因此法拉第就獨自擔起這個重任。

1825 年，法拉第這位皇家學會最年輕的新會員，被升任為皇家學院實驗室主任，薪水增加到一年一百英鎊。這加重了法拉第的責任，不過，他與妻子的生活

倒沒有什麼改變。他們的應酬不多，也很少旅遊，兩個人過著簡單愉快的日子。

同年皇家學會受英國政府委託，研究望遠鏡裡鏡片的玻璃，因此皇家學會組織了一個委員會專門負責這件事，這個委員會就敦請法拉第實際從事研究。戴維是這個委員會的會長，他跟天文學家約翰‧何契爾與光學家喬治‧杜蘭，共同負責監督的工作。

原來，當時的鏡片玻璃純度不夠，有時還有氣泡或條紋。法拉第花了很多時間檢視玻璃的製作過程。兩年後，政府提供法拉第一個特製的熔爐，以及察李‧安德遜軍曹做這個實驗的助手。經過許多的失敗與挫折，法拉第一再變更燒製玻璃的溫度，並應用不同的成分，特別是鉛的運用。法拉第用一種比較複雜的鉛

化合物，取代玻璃中的鉛及鉛的氧化物。法拉第抽絲剝繭的把玻璃不純的原因一樣樣的找出來，再一件件的去除，終於在 1829 年把問題解決了。法拉第受邀在皇家學會分成三次，把整個過程做了一個說明，這是法拉第第一次在皇家學會的演講。

　　法拉第雖然成功的完成了他的任務，但皇家學會委託法拉第這項工作的動機不免引起質疑。因為戴維從 1813 年起，在皇家學院雖然只是名譽教授，可是他對學會的影響力仍然很大。自從戴維和法拉第兩人的關係破裂以後，法拉第就感覺到，很多委託給他的工作都是來自戴維，而這些工作幾乎都是非常耗時耗力的，這使得法拉第很多自己的研究計劃都無法進行，有時他也不免為自己的未來擔憂。

　　1826 年，在研究鏡片的同

時，法拉第開始了兩個非常受歡迎的教育實驗，目的是要普及科學，使科學大眾化。一個就是他著名的「星期五晚上的談話」，對象是皇家學院的同仁及他們邀請的客人。這一年，他親自講了三次。在他主持這個談話活動的三十六年之間，他一共主講了一百二十三次。每次的聽眾都在五百人以上，好幾次在他講電磁學的時候，聽眾甚至超過一千人。

法拉第好像覺得自己還不夠忙，1827年他又在「倫敦學院」（這等於是窮人的皇家學院），就「化學的操作」做了一系列的十二場演講。這些演講內容之後被集結成書，成了一本非常有影響力的化學課本。

對這些演講法拉第都非常認真的準備，事前還要預演，寫筆記、做卡片以便控制時間。受了教會傳道的影響，他與聽眾經常

保持一種唱和的關係。法拉第盡量避免用科學上的專用詞，他假設聽眾完全不瞭解他的講題。他用有條理的邏輯向聽眾闡述重點，再用實驗證明。語句保持幽默，尊重他的聽眾，絕不告訴聽眾應該怎麼想，而是讓聽眾自己下結論。

他非常重視用實驗來證明自己的論點，有一次他用錫箔做了一個籠子，他坐在籠子裡，手拿著「靜電儀」（測試靜電強度的儀器），然後叫一個助手從外面加上很高的電壓。籠子外面電花四射，裡面的法拉第卻安然無恙。等他從籠子裡走出來，觀眾不只明白了法拉第所說的在導電體內（不論空心或實心）可以隔離靜電場的理論，＊也佩服他的勇氣。

他的演講很受歡迎，推翻了法拉第原來對演講的看法，那就

是「真正有教育價值的演講不會受歡迎，受歡迎的演講沒有教育價值」。法拉第的演講既有教育價值又受歡迎。

1827 年年底，他在皇家學院又開始了另一個著名的演講系列「聖誕節演說」，演說的對象是青少年。因為法拉第記得自己苦學的經驗，覺得皇家學院應該為孩子們盡一些責任，他希望能提高孩子們對科學的興趣，滿足他們的好奇心。聖誕節期間孩子們多半放假沒事，所以演講就選定在聖誕節期間。

第一年的演講是「適合青少年的基本化學」，一共六次講演，演講在下午三點鐘開始，時

放大鏡 ＊在一個由電導體物質如銅或銀製成的籠子中，靜電場被導體隔絕在外面，如此不管電導體外面的電場有多大，在籠子中是沒有靜電場的，因此絕對安全。現代物理用高斯定律可以證明，在電導體中間，不管是空心如籃球，或實心像鉛球，它的靜電場都是零。

間一小時，長短剛好適合孩子。

很快的，這個演講不只受到一般青少年的歡迎，還吸引了大批上流社會的子弟。

經常整個演講廳擠滿了孩子，有的聚精會神的聽，有的手持筆記本不停的記錄，法拉第彷彿看到年輕的自己，他多麼盼望這些小聽眾裡能出現幾個哲學家。

之後他的講題範圍很廣，從身邊瑣碎的小東西一直到無限大的自然界。其中最出名的要算「一根蠟燭的化學歷史」了。這個講題他在皇家學院先後講過好幾次，最後一次是在 1860 年。後來這篇演講還被翻譯成許多國家的文字，出版了無數次。

他的開場白就像跟孩子親切又充滿引誘力的對話:「想要進入研究自然哲學之門，沒有比思考一根蠟燭的物理現象更好的方法

了。」然後法拉第關閉了大廳的照明，點起一根蠟燭。他先問聽眾一些問題，再慢慢的解答。

法拉第解釋蠟燭是如何製成，如何燃燒，再用實驗展示火焰的溫度、蠟燭的化學結構、氧化作用，最後引導聽眾進入基本化學領域。由一根小小的蠟燭，展現一個科學的世界。

就這樣法拉第為大眾科學的傳播，奠定了一塊基石，「聖誕節演說」很快的成了皇家學院的年度盛事。「星期五晚上的談話」及「聖誕節演說」後來就成了皇家學院的傳統，並且延續至今。

14 苯的發現

　　就在法拉第忙於演講的同時，他的化學研究又有了新的方向。當時用來照明或燃燒的氣體，是用鯨魚的油加熱分解出來的。氣體經過壓縮體積變小，裝在銅製的筒子裡以便運送。一經壓縮，部分的氣體又變成了液體留在筒子底下。1825年，法拉第偶然間發現銅筒裡有一股香味，他就取出筒底的液體來研究。首先他慢慢加熱這液體，待蒸發變成氣體後，再將溫度降低，到華氏三十二度的時候，該氣體就開始凝結，最後形成晶體。這種晶體就是我們現在知道的「苯」。

　　能夠把「苯」分離出來，是一項非常了不起的成就，因為在技術上，這必須經過很困難的手續。就算是在一百六十多年後的

今天，用先進的裝備，重複法拉第的實驗，也不是一件簡單的事。苯的用途至為廣大，不只在燃料、香味化學方面，更是藥學上一個重要的元素。

在 19 世紀除了鯨魚的油之外，煤也是重要的燃料。煤氣可以用鐵管，做長距離的運送，使倫敦街道上有了路燈。煤燃燒後剩下的煤焦，又可以產生許多有機化合物，這都是法拉第研究的新對象。

1829 年，法拉第接受「皇家軍事學院」的邀請，出任化學教授的職務。為這個教職，他一年要做二十五次的演講，所以在一週中他時常有一到兩天的時間在皇家軍事學院。這個額外的收入剛好可以讓他雇用一個助手，他想到的第一人選就是安德遜軍曹。法拉第工作一向都是獨立作業，從來沒用過學生或助理，總

是一個人做一群人的事。主要是因為他做事認真，又有他獨特的工作方法，再者就是他工作的時間太長，一般人很難接受。

只有安德遜軍曹跟法拉第合得來。法拉第的好朋友班杰明·阿伯特曾稱讚安德遜軍曹說：「他的軍事訓練使他絕對的服從，他的責任是將熔爐保持一定的溫度，水桶的水維持一樣的高度，晚上他就可以下班離去了。有一次，法拉第忘了告訴他可以回家了，第二天一早，發現安德遜軍曹還守在爐邊撥動爐火，一夜沒有離開。」

法拉第一輩子就只有這麼一個助手，兩個人經常幾個鐘頭也不交談一句話。但他非常感激安德遜軍曹給他的幫助，除了安德遜軍曹，法拉第也從不允許別人插手他的實驗。

15

家庭與信仰

1828 年到 1829 年兩年間，伍斯頓與戴維相繼去世，這使法拉第在精神上，頭一次感到前所未有的自由，也使他能更大膽的做他的科學研究。

在私生活上，他和莎拉沒有自己的孩子，可是親戚的孩子經常到皇家學院拜訪他們，使他們家裡常充滿了孩子的笑聲。有時他跟幾個甥侄在皇家學院演講大廳裡玩捉迷藏的遊戲，或在走廊上騎腳踏車。而莎拉的兩個侄女，幾乎就像他們的孩子，曾有一段時間跟他們住在一起。

在晚輩的眼中，法拉第是怎樣的人呢？莎拉的侄女康思坦絲・瑞德在日記上曾記載著:「我們常看見他在實驗室忙碌，他破舊的圍裙上有很多洞。如果他太

忙，姑姑跟我就坐在旁邊看他工作，他偶爾會回頭跟我們說幾句話，很多時候，他就只跟我們點點頭，繼續工作。有時我們要他上樓，他就堅持要我們先安靜三十分鐘，好讓他把工作告一段落。他喜歡玩各種有創意的遊戲，而且總是贏我們。」

莎拉又是如何看待法拉第呢？莎拉有一次跟她的侄女說：「法拉第姑丈太沉迷工作了，時常影響到他的睡眠，但我很滿足能做他心靈上的枕頭。」許多年以後，年老的法拉第有次在外地寫信給莎拉：「我的記憶力衰退得很快，妳一定要趕快恢復做我心靈枕頭的職務——讓我歇息、讓我快樂。」

據說法拉第跟女人相處比較自在，而跟小孩子一塊兒玩耍，則是他最輕鬆愉快的時候。

法拉第一家都是虔誠的基督

徒，法拉第的妹妹嫁給了莎拉的弟弟，哥哥羅勃的太太也是善德美尼教會的教友，因此家庭與教會的關係更為密切。不論多忙，星期天下午法拉第夫婦一定會去教會，聽完講道後，就跟家人聚會。有時星期三晚上，也會跟家人在一起。後來法拉第擔任教會的執事，他還要做一些訪問窮困教友的工作。

　　法拉第對宗教的態度是如何呢？據皇家學院一位物理學教授約翰‧廷道說：在他與法拉第十五年同事期間，雖然他們的關係很親近，法拉第對他亦師亦友，可是法拉第從不主動跟他談宗教的事。有幾次他問到宗教方面的問題，法拉第雖然很樂意回答，但僅只回答問題而已，沒有多加闡述。法拉第覺得有股大自然的力量，可以改變人的心性，那是科學或邏輯做不到的；信仰無所

謂對錯，容納其他的信仰，可以開闊心胸並美化人生。

約翰注意到，星期天的教會禮拜，是法拉第一週工作精力的來源，就好像他星期天喝了泉水，讓他神清氣爽，精神百倍。

從小學徒到哲學家是一條漫長的路，除了他的機運和他性格中無比的毅力與決心之外，家庭與教會的支持，實在是他邁向哲學家之路的另一個強大的力量。

16 發現電磁感應

　　在這強大力量的支持下，法拉第更無後顧之憂的投身於科學研究中。法拉第的發現都跟物質有關。物質是任何有重量，並占有空間的東西。依照法拉第的理論，地球上所有的物體都是物質，每個物體也是一個「場力」。法拉第用簡單的實驗，給他的場力一個很清楚的圖像。他把磁棒放在一張紙上，把鐵屑均勻的灑在旁邊，鐵屑立刻在磁棒的四周規律的排列起來，這排列成規的鐵屑所顯示的就是場力。

　　法拉第是第一個提出場力觀念的科學家。這個觀念是法拉第日後「場論」的開端。

　　法拉第認為電有場力，磁也有場力，當電流通過電線，電的場力與附近磁的場力交互起了作

用。兩個場力相吸或互斥的關係，使電線圍繞著磁鐵旋轉。

他的這項理論，直接或間接的挑戰了當時最具權威的牛頓定律：那就是地球上所有的物質都受地心引力的影響。法拉第認為這是不對的，地心引力影響每一個物質的場力而非物質的本身。

法拉第不只相信所有的東西都有場力，而且場力可以互相轉換。例如伏特電堆是金屬做成的，如果電是由金屬產生，為什麼金屬本身並沒有什麼消耗？伏特認為電堆的電力是因為不同金屬與化學物接觸而產生的，法拉第則認為是不同金屬與化學物間的化學作用，而化學作用是場力之間起了作用，並不僅僅是不同物質接觸而已。法拉第又提出「能量不滅」的原理，＊即能量是不能製造或者消滅，但能量可以傳送及改變，這就是現代物理

學中「熱力學的第一定律」。他說當電堆裡面的金屬與化學物之間的化學作用停止後,電即停止。

當時大多數的英國科學家,都覺得法拉第的理論太不著邊際,很不合理。這個爭執持續了很久,後來證明法拉第的理論是正確的。

有關電磁方面的研究除了法拉第,還有不少其他的科學家。例如法國的阿瑞高在 1824 年發現把銅片靠近振動的磁針,磁針會很快的停下來。當那個圓盤形的銅片轉動時,磁針也會因而轉動,而且也可以吸引磁鐵。但當銅片與磁針都靜止時,則沒有任

放大鏡 ＊能量不滅定律,演變成現代的質(質量)能(能量)不滅定律,是經過許多人的驗證,並不是法拉第首先提出的。現代的質能不滅定律的意思是能量不能創造或毀壞,只能從一種形式變成另一種形式。例如 1843 年,焦耳實驗驗證了機械能可以轉變成熱能;現在核能發電機則驗證了改變質量為能量。

何反應。

另外，英國的史都金在 1825
年製造了世界上第一個「電磁
鐵」。電磁鐵是將電線纏繞在一
個鐵塊上，當電線通電後，即成
為磁鐵，也就是磁性是因電流而
產生，所以稱為電磁鐵。史都金
當時做的電磁鐵，是把電線纏繞
在一塊馬蹄形的鐵上，一共纏了
十六圈，線圈與線圈之間是分開
的。當電流通過電線時，所產生
的磁力可以支撐九磅重的物品。

戴維生前也觀察到，當電流
通過銅線時，銅線會吸引鐵屑。
加上歐斯德早在 1820 年就發表過
一篇電磁方面的文章，以及同一
年安培的發現，都引起法拉第的
關注。

當時的實驗證明：靜電能夠
經由感應使在附近的另一個物體
帶電，磁也能經由感應使附近的
一塊鐵片磁化，因此可以合理的

推斷：電流可以經由感應使附近另一個導體產生電流。

　　此外，一個穩定的電流可以產生穩定的磁場，難道一個穩定的磁場不能產生穩定的電流嗎？法拉第不禁產生這樣的質疑，於是著手研究。

　　法拉第在實驗室花了很多時間，終於在 1831 年 8 月 29 日成功的證明了「電磁感應」，由於發現電磁感應現象才有了發電機、變電器等重要的發明，也因此這一天被公認為電工業的誕生日。

　　法拉第實驗的設計是非常精巧而嚴密的。他用一個木質的線軸（形狀就像縫紉機上所用的線軸），先將一根電線環繞在圓軸上形成一個線圈，再將另一根電線環繞在第一個線圈外圍，形成另一個線圈，兩個線圈彼此是絕緣的。一個線圈的兩端接電池，另一線圈的兩端接上靈敏的「測

電儀」。他試圖證明當第一個線圈通電後，產生的磁場會在第二個線圈中產生電流。結果他失敗了，第二個線圈中沒有電流產生。

於是，他換了一個更大的電池，第二個線圈依然沒有測得電流。但是他發現當他試圖將電流關閉時，測電儀的指示針向一邊移動；他把電流重新接上時，指示針又向相反的方向移動。這項發現讓法拉第興奮不已，於是他又重複測試多次，得到了一個結論：當接連電池的線圈有穩定電流通過的時候，另外一個線圈不會產生感應電流，只有在開啟或關閉電流時，另外一個線圈才會產生感應電流。

分析這個實驗的結果，他的解釋是：磁力線改變的時候，也就是磁力線產生或停止的時候，才能使附近的線圈產生感應電

流。

12月17日法拉第又做了一項重要的實驗。他將一個螺旋形的線圈，接到測電儀上，然後將磁棒放置在螺旋形電線圈的中央，他立刻看見測電儀的指示針向一邊移動；接著他再將磁棒抽出，指示針又向另一方向移動；如果磁棒放在電線圈的中間不動，指示針則靜止不動。

這兩項實驗證明了凡是改變磁力線，不管是經由電流的開關，或是磁棒的運動，均能產生瞬間的電流。但如何產生穩定的電流，使之能像電池一樣？

終於在1831年底，他成功的製成了世界上第一個發電機。這是一件非常困難的事，大概那時候也只有像法拉第這樣的科學家，才能設計出這樣的實驗儀器。

他將一個銅製的圓盤，放在

一馬蹄形永久磁鐵*的兩極中間，銅盤可以轉動。他將電線的一端接到銅盤轉動的軸心上，另一端與銅盤的邊緣相接觸。當銅盤轉動時，電線中就產生了穩定的電流。

法拉第將他的實驗裝置與實驗結果，登載在皇家學會出版的《哲學報告書》上。總結他的實驗，他提出兩個定律：

1. 當磁力增加或減少時，電因感應而產生。
2. 磁力增加或減少越快，產生的電則越多。

用現代物理名詞更完整的闡

放大鏡

*永久磁鐵是能保持長期磁化的磁鐵，例如應用在冰箱門上的磁鐵。它存在於某些岩石，像天然磁石中。永久磁鐵也可以經人工製造的。任何非永久性磁性材料，若以電線圈包裹在外，通過電流，就可以產生強度極高的磁鐵，例如碼頭上起重機用的就是這種種因電而產生電磁鐵。

述此兩項定律，也就是我們現在
所稱的「法拉第定律」，就是：

1. 在一個線圈中，通過此線圈
   的磁場，若有改變，則此線
   路中就因感應而產生電壓
   （即能促成電流的力）。
2. 感應電壓強度的大小，與改
   變磁場的快慢成正比。

　　這位偉大的發明家只用了兩句
話來說明整個實驗結果。雖然
他的說明清楚明白，但他的同事
仍然覺得這樣重要的理論，用文
字表達是件很新鮮有趣的做法。
因為自從 17 世紀，牛頓發明了微
積分，哲學家就用微分方程式來
表達他們的理論。大家公認，如
果使用文字，即使是拉丁文，也
有可能發生誤解，唯有用數學表
達最為安全。
　　問題是法拉第從來沒有學過

微積分，也不懂微積分。而且法拉第也不同意其他科學家的想法，他認為盲目的信任數學是愚昧的。只有用從優質的實驗得到的正確結果，再以清楚明白的文字表達出來，才是最重要的。

法拉第頑固的堅持，任何理論一定要用大眾都能看懂的文字來表達。他一生提出並證實了很多理論，出版了很多書籍，但從頭到尾，沒有使用任何一個微分方程式。作為一個偉大的科學家，這也算是一件奇事。但也有人說，法拉第正像一個詩人，能融會貫通自然界一切複雜的現象，並用簡短的文字表達出來。

法拉第的電磁感應定律一直到 1865 年，才由另一個蘇格蘭物理學家，詹姆斯·麥克斯韋把它寫成一微分方程式。這便是後人所稱，改變世界的五個方程式*之一。

＊五個改變世界的公式

1. $F = G \times M \times m \div d^2$

牛頓（Isaac Newton，1642～1727 年）的萬有引力定律 (The Universal Law of Gravity)：這個公式使我們可以精確的計算出太陽系各行星的軌道。人類登陸月球及太空船抵達火星，都是這一簡單公式的結果。

2. $P + \rho \times \dfrac{1}{2}v^2 = \text{Constant}$

丹尼爾‧貝諾利（Daniel Bernoulli，1700～1782 年）的流動力學公式 (The Law of Hydrodynamic Pressure)：這個公式是設計飛機飛行的原理，火箭、太空船也因此而建造。

3. $\nabla \times E = -\dfrac{\partial B}{\partial t}$

法拉第（Michael Faraday，1791～1867 年）的電磁感應定律 (The Law of Electromagnetic Induction)：這個公式使人類能廣泛的利用電能，發電機因而產生。

4. $\Delta S_{\text{universe}} > 0$

魯道夫‧克勞斯奧（Rudolf Clausius，1822～1888 年）的熱力學第二定律 (The Second Law of Thermodynamics)：這個定律說明世界上任何變化都是從有次序狀態到無次序狀態，因而可以正確的指出自然變化所進行的方向。

5. $E = m \times c^2$

愛因斯坦 (Albert Einstein, 1879～1955) 的狹義相對論 (The Theory of Special Relativity)：這個公式使人類製造了核子彈，而結束了第二次世界大戰。現在核子發電廠也是根據這一公式的理論而建造的。

這五個公式是由麥克‧桂蘭博士 (Dr. Michael Guillen) 所選。桂蘭博士是哈佛大學物理及數學系的講師，也是美國國家廣播電視公司獲獎節目——「早安美國」中通俗科學的主筆。他慎重選出這五個公式，並對這五位在人類歷史上具有重大貢獻的科學家，用通俗的文字逐一介紹。

　　就在這個定律發表不久，英國首相羅勃‧皮爾爵士訪問皇家學院。他問法拉第，這項電的新發現到底有什麼用處？法拉第回答:「我不知道，但是我敢打賭，將來你的政府會從這上面抽稅。」後來證明他所言不虛。法拉第還有一句經典的名言，當別人問及一個新的發現有什麼好處時，法拉第詼諧的回答:「你能預言一個新生的嬰兒對將來有什麼好處嗎？」

　　法拉第對自己製造的發電機很引以為傲，沒想到 1832 年，一本叫《文學號外》的雜誌竟說，有兩個義大利科學家在法拉第之前，已先做成了同樣的發電機。這個粗心的編輯立刻收到法拉第憤怒的抗議信。事實上那兩個義大利科學家，是先讀到法拉第的實驗後再重複他的實驗，將結果在巴黎傳發，他們承認自己的實

驗是來自法拉第。這個幾乎是伍斯德事件翻版的插曲，很快的就落幕了，可是這可以明顯的看出法拉第性格中的敏感，以及維護自己應有權利的苦心。

　　他的同事約翰說:「我們常聽人說法拉第是如何的親切和藹，謙恭有禮，但在法拉第溫和親切的態度下，隱藏著火山般的熱量。他其實是一個容易激動而熱情如火的人，但經由自我高度的節制，他把熱火轉變成一種光輝，一股堅強的生命力。」就憑著他無比的自制，歷經困苦，他選擇研究大自然中各種的力，無疑的，他自己也是自然界另一種了不起的力。

17 法拉第的電解定律及靜電研究

　　1830 年代是法拉第多產的一個時期，在他完成電磁感應發電機原理後，很快的又開始一連串「電化學分解」的實驗。前面我們曾提過，伏特電堆兩端的電線浸入水中，產生了氣泡，是因為電流使水分解成氫與氧兩種氣體。

　　1833 年，經過法拉第重複實驗得到的結果，他提出兩個結論，也就是現在所稱的「法拉第電解定律」：

1. 電解產生的物質，它的重量與通過的電量成正比。

2. 由同值電量所產生不同物質的重量，與該物質的「當量重量」成正比。

所謂「當量重量」，是該物質與一克氫結合的重量。例如 18 克水 (H_2O) 是由 16 克的氧與 2 克的氫結合而成，則氧的當量重量為 8 克。

　　法拉第更進一步推斷:「當量重量為各物質帶有同值電量的重量。」舉例來說： 1 克氫所帶的電量與 8 克氧所帶的電量相同。這些原理為 19 世紀末的化學，奠下重要基礎。為了紀念法拉第對化學的貢獻，現在「電解化學」中用「法拉第常數」來定電量的多少。 1 法拉第常數的電量為 96,500 庫侖（一庫侖的電，為一安培的電流在一秒鐘通過的電量）。這樣多的電量可以電解任何物質一「當量重量」（例如一克氫或八克氧）的質量。

　　後人歸功法拉第開創了「電解化學」這門新的學科，他不只提出這兩個重要的定律，他還介

紹了許多新的名詞，如電解、電解質、電極、陰極、陽極、陽離子、陰離子、及離子等，這些名詞一直沿用至今。這些名詞並不是由法拉第創造的，前兩個是他的朋友惠洛克・尼楚首先提出的，後面幾個名詞是由當時一位數學家維廉・惠爾建議的。但在 1834 年經由法拉第發表專文介紹後，才被電解化學的研究者廣泛採用。

　　1837 年，法拉第又轉向「靜電學」方面的研究。因為他一直思索：兩個帶電物體間可以相互作用，但電力是如何能從空間的某一個位置，傳到空間的另一個位置，而中間並沒有直接的接觸呢？他的推斷是：「帶電物體在周圍空間產生了『電力場』，而另一個帶電物體在該『電力場』中受到了電力。」這個理論也可以應用到磁力及引力。

　　例如太陽產生「引力場」，這個引力場散布在周圍空間。引力場的大小與距離的平方成反比。也就是說：若距離增加兩倍，則引力場就減為四分之一。地球與太陽系的其他行星，都存在於這個由太陽所產生的引力場中，因而受到吸力。這個論述在近代物理界已成為不容質疑的理論。

　　那時「庫侖定律」已經確定：只要知道電量的大小及距離，即可正確算出，兩個帶電物體間相互作用力的大小。但沒有人再進一步推想，在兩個帶電物體中間的物質（介質），除了作絕緣體之外，是否還有其他的作用。

　　法拉第開始從事一連串的實驗。他製作了兩個相同的「電容器」＊，主要是由兩個相互絕緣的導體組成。

　　法拉第設計的電容器是球形，由兩個半徑不同的同心金屬圓殼組成。他將小的球殼放置在大球殼中，兩個球殼並不相接觸。法拉第先將一個電容器的內殼充電，然後再將此內殼與另一個相同電容器的內殼相連接。結果發現：兩個電容器內殼所帶的電完全一樣，也就是說均分了原來的電量。

　　下一步，他將其中一個電容器的兩個球殼中間，放置某種絕緣物（例如硫），再重複同樣的實驗。結果發現兩個電容器內殼所帶的電量，不再是均分，而是有絕緣物的電容器帶的電量較多。

放大鏡

＊電容器是一個可以儲存電，也就是儲存電能量的裝置。它是由兩個相互絕緣的導體組成。它可以由兩個平面導體組成扁平形，也可以由兩個同心圓球形導體組成球形。相反的電荷（正，負）儲存在兩片導體上，兩片導體中間的電場則儲存了電能量。

　　他繼續實驗，則發現絕緣物的改變，也同時改變了電容器內殼帶的電量，也就是說改變了電容器的「電容量」。由此法拉第奠定了現代物理學中用的「介質係數」。後人為了紀念他對電容器的貢獻，將電容量的單位定名為「法拉」。

18 發現磁光效應

　　許多科學家在某一個重大的發現後，通常就回返平常，很少能再超越自己。可是法拉第的科學生涯卻是高潮迭起，他所接觸科學領域之多之廣，在科學史上，大概無人能望其項背了。

　　法拉第旺盛的精力與堅強的意志力，支持著他不停的工作，但長時期的勞碌，終於使他的健康出了問題。他原來就有頭痛的毛病，後來又開始出現失憶症，有時還會有憂鬱症，這使他很懊惱。據莎拉的侄女康思坦絲回憶：「遇到這種情形，姑姑就會帶他離開倫敦，到別的地方住幾天。通常回來後，他又精神飽滿，精力充沛。」

　　但是法拉第的病況並沒有因此減緩，醫生的處方，永遠是多

多休息。法拉第有一次抱怨，這
些醫生想的只是要他離開實驗
室。但到了 1840 年，在他四十九
歲的時候，終於身心憔悴，精神
崩潰了。短期的修養已無濟於
事，他不得不聽醫生的忠告，好
好的休息。

很多人說 1840 年法拉第整整
休息了一年。其實法拉第休息時
仍在工作，工作量跟其他正常人
的差不了多少。這一年他在皇家
學會的《哲學報告書》上發表了
一篇論文；在《哲學雜誌》發表
了四篇論文；在《文學號外》發
表一篇文章；那年夏天，他還在
皇家學院做了七次有關化學的演
講。

1841 年，他跟莎拉還有哥哥
到瑞士住了八個月。他雖然是離
開了實驗室，但從沒有離開他熱
愛的大自然。在他的日記裡，對
風雨雷電的觀察、阿爾卑斯山上

雲與雪的變化，都有非常生動的記載。年底，他回到倫敦，在給青少年的聖誕節演說中講演基本化學。

但他的健康狀況似乎沒有太大的好轉，1843年他在寫給他的朋友的信中提到：「趁我現在稍微好一些，我一定要寫信給你。記憶真是可惡，剛寫完一個句子，句子的起頭是什麼已經不記得了，我的手也不聽我的指揮，手彎的時候會有些抽筋，有的字就很難寫出來……。」

法拉第變得越來越依賴莎拉，莎拉也盡一切可能的保護法拉第。法拉第不喜歡熱鬧，莎拉總設法拒絕不必要的社交活動。莎拉不愛出風頭，也淡泊名利，她一心只想給法拉第一個溫暖安適的家。時常晚飯後，兩人在火爐邊閒坐，手上拿一本書，安靜的讀著，有時法拉第說著自己的

實驗，莎拉就靜靜的聽。

到了 1845 年，法拉第終於又回到實驗室開始另一波實驗，而這些新的研究工作，在科學領域中，更有非常重要的貢獻。

其中之一是「磁光效應」，也就是磁場對光的影響。

法拉第一直認為自然界的力可以相互作用，因此他推斷光和電場、磁場一定也有關聯，這個信念促使他去做實驗證明。由此可以看出他是一個偉大的實驗家，也同時是一個傑出的理論家。

那時科學家已經證實光是一種「震動波」，當光經過某一類晶體後，可以成為「平面偏極光」，也就是說光的震動只限於一個平面。

法拉第首先用電場，試圖測驗電場與光的關係。他將平面偏極光通過一個透明的物體，在該

物體中加上很強的電場，觀察電場是否會改變平面偏極光的平面角度。這次的實驗並沒有得到預期的結果。

於是法拉第改用磁場來做實驗，並且借了一個擁有強大磁力的電磁鐵來做實驗。他拿一塊含鉛的玻璃，放在電磁鐵中間，使平面偏極光通過此一玻璃。當電流產生磁場後，平面偏極光的平面角度果然改變了。這個實驗成功的證明了他的信念：磁與光是相互關聯的。

他興奮得不得了，立刻他又將磁加諸在許多不同的物質上，測驗它們對光的影響，忙碌了一整天。當天晚上他在日記上寫下：「今天的實驗很成功。」其實這豈僅僅是成功而已！

磁場能夠改變平面偏極光平面角度的現象，現在稱為「法拉第效應」。「磁光」從此成為科

學領域的一個新科目，法拉第效應迄今仍被廣泛的利用。＊

　　雖然法拉第差一點就能正式提出光是「電磁波」的理論，而他把電、磁與光連接在一起的實驗結果，直接影響了麥克斯韋。麥克斯韋在 1864 年正式提出電磁波的理論時，明白表示他的理論完全是受了法拉第的啟示。

　　1845 年 11 月，可以說是法拉第非常多產的一個月。11 月 4 日，也就是在他要將法拉第效應送出去發表的前一天，他發現了另一個對科學極具影響的現象。他將玻璃片懸置在他借來的那個電磁鐵的中間，發現這塊原為非磁性的玻璃片，對磁場產生抗拒

＊磁光效用已成為科學領域的一個新科目，並引發了許多其他的發現。例如電光效用（電對光的影響），光磁效用（光對磁的影響）。磁光效用可以用來測量透明介質材料對偏極光的旋光強度，用於光的調輻，以及遙測磁場的強度。

力，因而轉動，直到玻璃片與磁場的方向垂直為止。這與磁棒或磁針轉動而與磁場方向平行的現象完全不同。

法拉第同時也證明這種現象不單單是發生在固體中，同樣也發生在液體或氣體中。

根據法拉第的這些實驗，可將物質分為三類：

1. 逆磁性物質：這類物質在磁場內感受到排斥力，如水、鉛及石墨等。

2. 順磁性物質：這類物質在磁場內感受到吸引力，例如鈉、鋁及液態氧等。

3. 鐵磁性物質：這類物質具有永久磁性，如鐵、磁鐵礦等。

當法拉第發現電、磁與光三者關係密切後，他希望把地心引

力也納入其中，他認為地心引力應該像電力、磁力一樣，與光有相互作用。他花了近十年的時間研究，始終無法證明他的假設。

一天晚上，法拉第一如往常坐在壁爐前。壁爐的火慢慢的燃燒著，法拉第望著爐火發呆。

「親愛的，你要不要喝杯牛奶呢？這樣可以幫助你的睡眠。」

莎拉溫和的聲音喚回他的遐想，「今天又不能喝茶，對嗎？」

「我可以在牛奶裡加一點蜂蜜，怎麼樣？」

「算了！」法拉第輕輕的嘆了一口氣。

「今天的工作很不順利嗎？」莎拉遞了一杯牛奶給他。

「看來在我有生之年，沒法子把牛頓的地心引力，跟我的電、磁和光連在一起了。」法拉第喝了一口牛奶，看著莎拉在旁邊坐下。

「那有什麼關係，」莎拉輕鬆的說：「上帝創造的這個世界是這麼複雜，怎麼可能讓你一個人全弄清楚？你不是小看了上帝嗎？」

「我怎麼敢！」法拉第吃吃的笑了起來，然後像一個堅決不肯認輸的孩子，「至少我可以堅持我的信念。」

第二天他在他的實驗室筆記上寫道：「這是一個夢想。」

他是第一個有這樣夢想的科學家，20世紀愛因斯坦也同樣的嘗試著尋找這個夢，但也並沒有具體的結果。直到 1919 年才由艾丁頓首次觀察到引力與光波之間有相互作用，但「電重力學」*的理論迄今仍然是科學家們所追求要解釋的最大難題。法拉第一

放大鏡

＊電重力學是將電磁學與重力學（物質之間的吸力）融合為一體的統一場論 (unified theory)。也就是說要建立一套完整的理論可以解釋電磁學及重力學以及兩者之間的關聯。

定很高興，後來的科學家一直沒有放棄這個夢。

法拉第的想像力實在是超出常人。即使他做的實驗，因為當時的儀器簡陋，沒能得到他預期的結果，但仍給後來的科學家們很大的啟示。例如我們前面曾提到的，他試圖證明電加於某一類的介質上對光應有作用，結果是失敗的。但在他逝世十年後，克爾證實電加諸於某些介質上的確對光產生作用，稱為「克爾效應」。

法拉第的最後一個實驗是要證明磁力對光的顏色有影響，以現代物理的語言來說，就是要證明磁場可以改變光的「震動週率」，他的實驗雖然沒有成功，但在法拉第逝世三十年以後，皮特‧則曼證明了這項預測，成為近代物理學中重要的「則曼效應」。

19 晚年生活

　　法拉第的健康一直沒有完全恢復，最令他懊惱的是他的失憶症。經常做的事，轉眼就不記得了。 1861 年他寫信給他的好朋友，半開玩笑的說：「如果我完全失去我的記憶，那麼我就忘了我的煩惱，也忘了我的快樂，……但最後我還是一個幸運而滿足的人。」

　　後來法拉第的失憶症變得頻繁起來，有時他會變得很緊張，有時他會沮喪，尤其在人多的時候。他擔心自己一下子回答不出別人的問題，或者會做出什麼不得體的舉動。莎拉總是設法幫助他，避免任何難堪的場面。

　　其實他的病，早在壯年的時候就開始了。一般常人，如果沒有因此消沉，至少會把腳步慢下

來，可是法拉第拒絕向病魔低頭，只要情況允許，他就不停的工作。

瞭解自然界的奧秘固然是他平生追求的最大夢想，可是他從不是坐在象牙塔裡不問世俗事物的人。他的失憶症時常讓他記不起方才做的事，可是並沒有影響到他豐富的科學知識、無窮的想像力，還有那天賦的聰明頭腦。是他堅強的意志力，支撐著他工作，繼續幫助別人解決問題。

例如法拉第自 1836 年起，就擔任「海務局」的科學顧問，協助設計英國海岸上的燈塔照明設備，以及解決氣候惡劣時，燈塔照明可能遭遇的問題。這些工作不是都能在實驗室內解決，有時他還要跋涉到偏僻的海邊，親自實地觀察。這雖是政府委託的工作，但也是做公民的責任，所以他對這項工作一直非常認真。七

十歲那年，他還冒著風雪，去勘察一個燈塔。

1852 年，他幫助電報公司解決了電線絕緣的問題，從此電線就變得安全而方便使用了。他也協助船公司研究如何保護船上的木板；他甚至幫助倫敦監獄消毒殺菌，解決一些犯人的健康衛生事務。他還幫博物館出主意，使用更良好的方法保存藝術品。

1855 年夏天，他和莎拉坐船經過倫敦的泰晤士河，聞到一股臭味。這河水是倫敦市民飲用水的來源，而且這年剛好有霍亂流行。他立刻把一張白紙卡片弄溼，撕成一小片、一小片，丟入水中。

「你在做什麼呀？」莎拉有些不安的拉著法拉第。

「你看！」法拉第指著往下沉的白紙片，「白紙下沉不到一寸，就看不見了，可見這水有多

髒。」

莎拉搖搖頭，「真沒想到，我們喝水可是要多小心。」

「這實在太不像話了，不行！」

「什麼不行？」莎拉不解的看著丈夫。

法拉第不再說什麼，匆匆趕回家，立刻寫信給報紙表示關切。

法拉第也告訴皇家學院裡的每一個人，泰晤士河的水有多髒。一連幾天法拉第都在嘀咕著這件事。這天他跟安德遜軍曹正在討論一個實驗，忽然看見莎拉手裡拿著一本雜誌走進來。

「快來看，你又上雜誌了。」說完莎拉呵呵的笑了。

翻開雜誌，原來是一幅漫畫畫著：一位戴著高帽子的紳士，皺著眉站在船邊，面對河水，一隻手捏著鼻子，一隻手拿著一張

卡片，正要往下丟。水裡有一個骯髒的老人，伸出手來接卡片。漫畫下面有兩行字：「法拉第遞卡片給泰晤士老人，我們希望這個髒老頭，能請教請教這位博學的教授。」

原來報紙登了法拉第的抱怨信，《龐趣》這本當時非常流行的雜誌，就請人畫了這麼一幅漫畫刊登。

「我真的是這副德性嗎？」法拉第指著那幅漫畫問莎拉。

「真是這副德性！」

不只法拉第，就連平日嚴肅的安德遜軍曹也笑彎了腰。

雖然環境污染問題，要到許多年以後，才得到廣大群眾的注意。但法拉第在19世紀，就已敏感的警覺到事情的嚴重性。

漸漸的，法拉第不只在英國，就是在世界其他地方，也成了一個受人尊敬的大科學家。伴

著名氣而來的是許多的宴請、請求以及榮譽。大多數的人對這些應該都會覺得高興得意，然而法拉第卻盡量避免。

從波士頓到莫斯科，有近七十個學會希望法拉第能當他們的會員。皇家學會這個當年幾乎拒絕他加入的組織，也兩次邀請他擔任會長，但是都被他謝絕了。因為他知道當了會長，就得應酬，莎拉跟他就非要進入所謂的上流社交圈不可，他們的生活就會變質，那他還能專心做研究？還能參加教會活動嗎？

對所有的榮譽，只要能夠謝絕，他都盡量謝絕。

法拉第喜歡過簡單的日子，對別人給他的名位與稱讚，時常會讓他有種尷尬的感覺。就連維多利亞女王要封他爵位，他也婉謝了。

他說：「我生是一個普通人，

死也是『一個普通人。』」

法拉第這樣做是否受了戴維的影響，沒有人知道。但對戴維所說的科學——這個刁鑽難伺候的情婦，法拉第卻始終一往情深。

他年輕的時候，曾是一個很健談的人，也喜歡朋友。當時的一些文學家、藝術家都跟他相識，他自己也是許多人希望結識的對象。他喜歡歌劇，歌劇院每年都送他免費入場券。可是中年以後，他不只研究工作太忙，還有許多義務工作，此外還要處理大量書信，以及參加一些必要的會議。凡此種種，都逼迫他不得不放棄生活上某些享受與自由。

在他發明發電機之後，一度有很多的大公司爭著要請他擔任顧問，他可以很輕易的就變得非常富有。可是要為可以賺錢的商業機構服務，還是做純科學的研

究工作？最後他選擇了後者，繼續他清苦的生活。

法拉第年紀愈大變得愈孤獨，後來幾乎不參加任何社交應酬。他的生活圈子愈變愈小，可是他的生活並不枯燥。他有莎拉、他的姪子、外甥、他的教會，最主要的還有他的實驗室。

1861 年他在皇家學院發表了最後一次演講，題目是：「有關德國工程師西門士的熔爐。」

1862 年他正式離開了他心愛的實驗室，同年他辭去他在教會長老的職務。 1865 年他辭去皇家學院及海務局的工作，正式退休。

法拉第一生對科學的貢獻之大，對後世的影響之深自不待言。他留下來的著作的質與量也同樣的驚人。除了他的四百五十篇的科學論文，他出版的書有：

1. 《化學操作》： 1827 年出版，這是一本厚達六百五十六頁的書，是法拉第的第一本書。

2. 《化學物理的研究實驗》： 1859 年出版。

3. 《電和磁的研究實驗》：一共三冊， 於 1839～1855 年間出版。

4. 還有兩本是根據「聖誕節演說」所出的書——《各種物質的力》： 1860 年出版；《一根蠟燭的化學歷史》： 1861 年出版。

此外他還留下了四千八百多封信， 1991～1999 年間由皇家學院分四冊出版。法拉第從 1820 年到 1862 年間的日記於 1932 年出版。最特殊的是法拉第把自 1831 年 8 月，發現電磁感應後，到 1862 年 3 月 12 日最後一則日記的每一段

都編了號，一共有一萬七千段。

在他那個時代，大多數的科學家如牛頓、安培等發表論文都是只提出他們的發現，不說方法，更不談研究過程。但法拉第認為，科學發現的過程也是很重要的。因此法拉第的論文經常像日記一樣，從頭到尾，仔細記錄每一步驟，讀者讀了就很容易的照樣重複。而且不論實驗成功或失敗，讀者都可感受到他的真誠，他的樂觀，他的自我反省與檢討。對不同的意見，他總是心平氣和、互相討論、沒有嫉妒，更不會惡意中傷，實為現代科學家樹立了一個典範。

1861 年達爾文發表「進化論」，很多人都認為這對宗教信仰是一大威脅。這時法拉第雖然已經年老力衰，但他還是可以清楚而流暢的表達自己的意思。然而對這個議題，他卻一直保持沉

默，沒有發表任何意見。除了顯示他無限的包容力，也顯示他對自己宗教信仰的虔誠與信心。

法拉第從皇家學院退休時，跟他進去時一樣，近半個世紀過去了，他依然是個沒有積蓄，沒有產業的人。退休之後該到哪兒去呢？維多利亞女王非常尊敬法拉第；女王的丈夫阿伯特王子常去聽法拉第演講，對法拉第更是敬愛有加。他們就把王室的一棟小別墅借給法拉第夫婦住，並提供他們養老金。

「我既出不起租金，也沒有力量維持這樣一棟房子。」法拉第有些擔心。女王再三向他保證，要他安心，法拉第夫婦才搬進去住。

當時接受女王養老金的，大都是政府的高級文武官員。作為一個科學家而接受女王養老金的，法拉第可以說是獨一無二

了。在他之前，一般來說，研究科學的人都是經濟情況穩定，生活舒適無慮的紳士。

從一方面來看，法拉第從貧民窟出身，後來成為偉大的科學家，他的一生都是走在時代的前端。但從另一個角度來看，他又是非常保守的人。他一生追求的只是做一個哲學家，而這個哲學家又是那種最傳統的，純粹追求真理、高尚無私、全心全意從事科學研究的科學家。他一生發明過許多東西，他從不申請專利；他對所有的研究實驗，從不做任何保留，全部清楚的記錄下來；他的演講也是針對所有對科學有興趣的人，不分貧富、老幼。

在他最後的一些日子裡，有莎拉、家人、朋友及醫護人員在他的周圍。這位忙碌了一生的哲學家，終於「停」下來了。在他頭腦清楚，精神好的時候，他喜

歡讀《聖經》，心情平靜而滿足。1867 年 8 月 25 日，法拉第坐在他書房的椅子上，安然而逝，享年七十六歲。

維多利亞女王希望法拉第跟牛頓一樣，＊能安葬在西敏寺，但法拉第的遺囑是要葬在倫敦北邊的海格特墓地，這樣可以和他的家人朋友在一起。

他的墓碑上只簡單的刻著：「麥克‧法拉第，1791 年 9 月 22 日生，1867 年 8 月 25 日死。」

放大鏡 ＊愛因斯坦在 1931 年紀念麥克斯韋誕生一百週年一次聚會上說道：「自牛頓後，對近代物理學作出最大貢獻的，首推法拉第與麥克斯韋在電磁方面的研究。」麥克斯韋自己在 1873 年則寫道：「法拉第將永遠是電磁學的創始者。」這是近代兩位最重要的理論物理學家對於法拉第的評價。

1791 年	出生於倫敦郊區紐因頓。
1804 年	在喬治·瑞寶的書店當學徒。
1812 年	在「皇家學院」聽戴維演講；結束學徒生涯。
1813 年	任「皇家學院」實驗室助理。
1813～15 年	與戴維前往歐洲，做為期十八個月的科學之旅。
1815 年	升任「皇家學院」實驗室儀器總監。
1815～16 年	與戴維共同研究礦工安全燈。
1821 年	與莎拉·伯納小姐結婚；首次做電磁轉動實驗。
1821～22 年	發現「氯碳化合物」。
1823 年	成功的液化氯氣。
1824 年	成為「皇家學會」的會員。

1825 年	發現「苯」。
1829 年	接受「皇家軍事學院」教職。
1831 年	發現「電磁感應」。
1833 年	發現「法拉第電解定律」。
1836 年	被任命為「海務局」顧問;研究靜電及介質,並測定介質係數。
1840 年	擔任「善德美尼教會」長老。
1845 年	逆磁性、順磁性及磁光的研究,發現磁與光的「法拉第效應」;嘗試電與光的研究。
1849 年	嘗試統一地心引力與電力。
1858 年	維多利亞女王提供別墅及養老金。
1861 年	辭去「皇家學院」的工作。
1862 年	研究磁場對於光譜的影響。
1867 年	逝世。

獻給孩子們的禮物

「世紀人物100」

訴說一百位中外人物的故事

是三民書局獻給孩子們最好的禮物！

◆ 不刻意美化、神化傳主，使「世紀人物」
　更易於親近。

◆ 嚴謹考證史實，傳遞最正確的資訊。

◆ 文字親切活潑，貼近孩子們的語言。

◆ 突破傳統的創作角度切入，讓孩子們認識
　不一樣的「世紀人物」。

兒童文學叢書

文學家系列

每一個文學家的一生，都充滿了傳奇……

「文學家系列」，

邀您進入文學大師的祕密花園！

榮獲第五屆
人文類小太陽獎

震撼舞臺的人
戲說莎士比亞

愛跳舞的女文豪
珍·奧斯汀的魅力

醜小鴨變天鵝
童話大師安徒生

怪異酷天才
解祕小說之父愛倫坡

尋夢的苦兒
狄更斯的黑暗與光明

俄羅斯的大橡樹
小說天才屠格涅夫

小小知更鳥
艾爾寇特與小婦人

哈雷彗星來了
馬克·吐溫傳奇

解剖大偵探
柯南·道爾vs.福爾摩斯

軟心腸的狼
命運坎坷的傑克·倫敦

兒童文學叢書

 第1次系列

生命不能重來，童年無法NG

提供孩子生活所需的智慧維他命，
與孩子共享生命中的成長初體驗！

國家圖書館出版品預行編目資料

電學之父：法拉第 / 徐孝華,楊慰親著;汀洲畫室-楊濡
豪繪.－－初版二刷.－－臺北市：三民，2010
面；　公分.－－(兒童文學叢書／世紀人物100)

ISBN 978-957-14-4858-9　(平裝)

1.法拉第(Faraday, Michael, 1791–1867) 2.傳記 3.通
俗作品

784.18　　　　　　　　　　　　　　　　96017286

©　電學之父：法拉第

著 作 人	徐孝華　楊慰親
主　　編	簡　宛
繪　　者	汀洲畫室-楊濡豪
責任編輯	李玉霜
美術設計	李唯綸
發 行 人	劉振強
著作財產權人	三民書局股份有限公司
發 行 所	三民書局股份有限公司
	地址　臺北市復興北路386號
	電話　(02)25006600
	郵撥帳號　0009998-5
門 市 部	(復北店)臺北市復興北路386號
	(重南店)臺北市重慶南路一段61號
出版日期	初版一刷　2008年1月
	初版二刷　2010年10月修正
編　　號	S 781530

行政院新聞局登記證局版臺業字第○二○○號

有著作權・不准侵害

ISBN　978-957-14-4858-9　(平裝)

http://www.sanmin.com.tw　三民網路書店
※本書如有缺頁、破損或裝訂錯誤，請寄回本公司更換。